tredition®
www.tredition.de

Sabine Voshage

Alt werden war gestern

oder Krankheiten ade - incl. toller Rezepte

tredition®
www.tredition.de

Verlag: tredition GmbH, Hamburg

ISBN
Paperback: 978-3-7345-6824-4
Hardcover: 978-3-7345-6825-1
e-Book: 978-3-7345-6826-8

Printed in Germany

Inhalt

Vorwort

Dieses Buch zeigt Ihnen, wie Sie altersbedingte Krankheiten wie Arthrose, Gicht, Rheuma, Arteriosklerose, Bluthochdruck, Herzschwäche, Nierenschwäche, Sehschwäche und vieles mehr besiegen können.

Ganz nebenbei verschwinden außerdem Beschwerden wie Schlafstörungen, Verdauungsstörungen, Hautprobleme, Kreislaufprobleme, Kopfschmerzen und weitere Beschwerden, die auf einen gestörten Organismus hindeuten.

Nicht zu verachten ist auch der Rückgang von Haarausfall, Cellulite, Falten, Altersflecken und andere äußerliche Dinge, die sich im Laufe der Jahre negativ entwickelt haben.

Ich zähle bewusst nicht alle Dinge auf, um Sie nicht mit einer langen Liste zu erschlagen. Überlegen Sie selber, hatte ich diese Krankheit, Beschwerden oder Äußerlichkeit schon als junger Mensch? Wenn nicht, dann ist dieses der Beweis dafür, dass Sie Ihren Körper nicht mit dem versorgt haben, was er gebraucht hätte. Kein Vorwurf von mir, nein, freuen Sie sich! Sie bekommen jetzt die Gelegenheit, alles wieder zu richten.

Zu guter Letzt gehören eventuelle Gewichtsprobleme natürlich auch der Vergangenheit an.

Die meisten von Ihnen werden jetzt sagen, das wäre zu schön um wahr zu sein, aber so etwas gibt es leider nicht. Genau das Gleiche hätte ich vor ein paar Jahren auch gesagt.

Warum aber denken wir das? Warum nehmen wir diese Dinge als normal hin? Weil alle irgendetwas haben? Na ja, wenn **alle** irgendetwas haben, dann **muss** es ja normal sein! Warum aber nehmen die altersbedingten Krankheiten so enorm zu? Warum nehmen die Hautkrankheiten so enorm zu? Warum haben immer mehr Menschen Depressionen? Warum gibt es plötzlich so viele Demenzkranke? Warum fragen wir uns nicht, was tun wir unserem Körper an, dass er so reagiert?

Ich habe eines in den letzten Jahren gelernt: „Glaube nicht mehr das, was die Meisten glauben! Denn auch wenn viele Menschen derselben Meinung sind, ist das noch lange kein Beweis für die Richtigkeit. Gehe andere Wege und schwimme gegen den Strom, und du wirst reichlich belohnt!"

Falls Sie sich jetzt fragen, woher ich mein Wissen beziehe, ist die Antwort ganz einfach. Aus Büchern, Gesprächen mit Ärzten und Homöopathen, Online-Recherche und jede Menge Selbsterfahrung. Dazu lässt sich als Fazit folgendes sagen, Bücher sind grundsätzlich ein sehr gutes Informationsmaterial, jedoch auch manchmal etwas einseitig. Die Gespräche mit verschiedenen Ärzten waren sehr aufschlussreich, jedoch nicht so wie man es eigentlich annehmen sollte. Ich habe mich oft gefragt, weiß der das wirklich nicht? Mit einer anderen Lebensweise bräuchte es diese Medikamente doch gar nicht, oder wollen die sich alle nicht selber arbeitslos machen? Da waren die Gespräche mit den Homöopathen schon von einem anderen Kaliber. Aufgeschlossen und losgelöst von der alteingesessenen Schulmedizin. Die Informationen aus dem Internet können sehr gut sein, vorausgesetzt man achtet darauf, wer der Verfasser ist. Mehrfach überprüft werden müssen alle Angaben, egal woher sie stammen. Deswegen war auch die allerbeste und zuverlässigste Informationsquelle mein Körper und der meines Mannes, der uns genau gezeigt hat, was richtig und was falsch ist.

Ich war nie auf der Suche nach der ewigen Jugend. So irre es klingt, es hat sich alles auf Grund einer Ursache ergeben und vor allem stetig entwickelt. Mein Mann und ich sind aus dem Staunen nicht mehr herausgekommen, was alles möglich ist. Normalerweise geht man einen Weg, um an einem Ziel anzukommen. Bei uns war es umgekehrt. Wir hatten plötzlich Ziele erreicht, die wir gar nicht angestrebt haben, ganz nebenbei. Die Erklärung ist ganz einfach, wir haben unserem Körper nicht mehr das angetan, was wir ihm jahrelang zugemutet haben.

Mein Mann, das ist übrigens der Andreas, dem ich an dieser Stelle für seine eifrige Mithilfe an diesem Buch ganz herzlich danken möchte. Außerdem wäre es ohne ihn nie entstanden, da er der Auslöser der ganzen Geschichte ist.

Der Auslöser: Die Arthrose von Andreas

Andreas ist Baujahr 1962 und hatte bereits im Alter von 50 Jahren Arthrose in den Knien, in den Füßen und in den Händen. Die Arthrose in den Füßen und Händen war noch nicht so weit fortgeschritten. Die Gonarthrose, so nennt sich das bei Kniegelenken, war im linken Knie 2. Grades und im rechten 4. Grades. Nun muss man wissen, dass die Skala nur von 1 bis 4 geht.

Mein Mann konnte selbst mit speziellen Kniegelenkbandagen nur noch humpelnd laufen und das auch nur für kurze Strecken. Sich hinknien, um unten etwas aus dem Schrank zu nehmen, ging nicht mehr. Selbst bücken war schon schwierig, weil man automatisch immer die Knie durchdrückt und das ging nur noch unter Schmerzen.

Es wurde eine Arthroskopie gemacht, die nichts gebracht hat. Im weiteren Verlauf wurde er zum nächsten Facharzt überwiesen der die Beinstellung vermessen hat, um zu überprüfen, ob ein sogenannter Schlitten eingesetzt werden kann. Das ist ein Keil der in das Kniegelenk gesetzt wird, wenn es Fehlstellungen der Beine gibt, wie O- oder X-Beine. Es gab aber keine Fehlstellungen. Dass die Dosis der Schmerzmittel ständig erhöht wurde, versteht sich von selbst.

Die Enddiagnose war dann, dass nur noch ein künstliches Kniegelenk helfen würde, er aber dafür zu jung sei.

Nun standen wir da, was sollen wir tun? 10 Jahre Schmerzmittel nehmen, bis er zumindest so annähernd das Alter für ein künstliches Gelenk haben würde? Er nahm schon jetzt die Vorstufe von Morphium. Natürlich, wenn er darauf bestanden hätte, es werden auch jüngeren Menschen künstliche Gelenke eingesetzt. Das Risiko einer solchen Operation ist aber zum einen sehr hoch, vielleicht kann man danach gar nicht mehr gehen, zum anderen hält ein Gelenk nur ca.10 Jahre und somit, je nachdem wie alt man wird, werden noch weitere Operationen folgen.

Wir mussten uns also etwas anderes überlegen und ja, wir wollten uns nicht damit abfinden, dass das jetzt sein Schicksal ist.

Wir haben angefangen zu recherchieren. „Die richtige Ernährung bei Arthrose“ war das Ergebnis der vielen Recherche, die allerdings einen Haken hatte. In den meisten Fällen war Andreas seine Reaktion: „Wenn ich jetzt nur noch so einen Kram essen soll, kann ich mir auch gleich die Kugel geben.“ Leider muss ich gestehen, dass er Recht hatte, obwohl er natürlich zu Opfern bereit war. Ich bot ihm an, alles mitzuessen, da auch ich schon morgens die ersten Schmerzen im Ellenbogen und in den Händen hatte. Hauptsächlich aber nur aus Liebe und Unterstützung. Doch er hatte schon Recht, Essen ist ein sehr großer Teil Lebensqualität.

Nun gehöre ich von Natur aus zu den Ober-Hartnäckigen und habe weiter recherchiert. Es musste doch ernährungstechnisch etwas geben, was annehmbar war.

Und siehe da, plötzlich war ich auf der richtigen Spur!

Die richtige Ernährung und vieles mehr

Ich hasse es, wenn ich mich mit jemandem unterhalte, und derjenige kommt nicht auf den Punkt. Genauso mag ich es nicht, wenn ein Buch 8 Seiten Vorwort hat und ich auf Seite 47 endlich mal erfahre, was der Autor mir sagen will. Natürlich ist das Ansichtssache, aber aus dem Grund erfahren Sie im jetzigen Kapitel alles, worum es in diesem Buch geht.

Ich werde natürlich alle Punkte im weiteren Verlauf ausführlich erklären, aber zuerst möchte ich Sie umfassend ins Bild setzen. Zu meinen nachfolgenden Erklärungen möchte ich an dieser Stelle gleich sagen, manchmal lassen sich fremdartige Begriffe nicht vermeiden und der Korrektheit halber müssen manche Sachen etwas ausführlicher beschrieben werden. Ich werde aber versuchen, die Dinge so zu erklären, dass sie klar zu verstehen sind, so dass man in der Lage wäre, sie einer anderen Person wiederzugeben.

Und nun zu meiner richtigen Spur, die da wäre: „Die überwiegend basische Ernährung mit guten Säurebildnern".

Das schöne bei dieser Ernährung ist die Individualität und die Freiheit, die man hat. Andreas seine Situation habe ich zu Anfang beschrieben. Mittlerweile nimmt er gar keine Schmerztabletten mehr, läuft ohne Kniebandagen wieder wie früher und bücken ist auch kein Problem mehr. Natürlich hat er nicht die Knie eines Dreißigjährigen bekommen, das muss aber auch nicht sein. Betrachten wir einmal seine Startposition; eigentlich ist er mittlerweile schon dreimal durchs Ziel gelaufen und es verbessert sich immer noch.

Wir leben selbstverständlich fast konsequent nach dieser Ernährung, weil wir viel erreichen müssen und auch wollen. Das Wollen kommt allerdings von ganz alleine, wenn plötzlich Cellulite verschwindet und die Haare voller und dunkler werden. Dazu aber auch später mehr. Ich will damit sagen, wer keine nennenswerten Probleme hat, isst weniger konsequent. Hauptsache, der Sinn des Ganzen ist verstanden und vorbeugen ist bekanntlich immer einfacher, als wenn der Karren schon im Dreck steckt.

Nun gehört zu der „richtigen Ernährung“ auch die „richtige Körperpflege“. Basische Haut- und Haarpflege und natürlich auch basische Zahnpasta. Ein Ungeborenes entwickelt sich im basischen Fruchtwasser und sobald es auf der Welt ist, cremen wir es mit „sauren“ Pflegeprodukten ein und uns ja sowieso. Die Kosmetikindustrie schreibt doch aber pH-hautneutral? Was es damit auf sich hat, später.

„Überwiegend basische Ernährung mit guten Säurebildnern und basische Körperpflege“ sind die Grundvoraussetzungen für die im Vorwort versprochenen Ziele. Ich hätte allerdings kein Buch geschrieben, wenn ich nicht mehr zu sagen hätte als diese Punkte, die zwar auch viele nicht kennen, die sich aber zuhauf im Internet finden lassen.

Bei allen Ernährungsformen bestehen immer vier Gefahren. Die erste ist, es wird mir alles zu aufwendig. Die zweite, es fehlt mir die Abwechslung. Die dritte ist die Gefährlichste: Mangelerscheinungen für den Körper von essentiellen (lebensnotwendigen) Stoffen. Die vierte Gefahr ist die allgemeine Unzufriedenheit, die bei den meisten Menschen letztendlich für das aufgeben verantwortlich ist: „Eigentlich bringt das Ganze sowie nichts, ich bin auch nicht gesünder als vorher.“ Sie werden sich wundern, wie gesund sie werden. Ich habe diese Ernährung so ausgearbeitet und erweitert, dass diese vier Punkte der Vergangenheit angehören. Es gibt viele Lebensmittel, die Highlights sind in Bezug auf essentielle Stoffe in unterschiedlichen Kategorien. Bezieht man nun diese Lebensmittel in die Ernährung mit ein, reicht es z.B., wenn man einmal die Woche Hirse isst und der Siliziumgehalt für eine ganze Woche ist gedeckt. Und Silizium ist nicht nur gut für die Gelenke, sondern genau das was die Haut braucht, um faltenfrei zu bleiben.

Des Weiteren werde ich Sie über ungewöhnliche Lebensmittel aufklären, die teilweise schon mehrere 1000 Jahre alt sind und äußerst wertvoll für den Menschen.

Der menschliche Organismus ist aufgrund der jahrelangen fehlerhaften Ernährung ziemlich gestört. Es passiert deswegen sehr häufig, dass bestimmte Mineralstoffe vom Körper nicht richtig aufgenommen werden können. Zu meinem Ratgeber gehören deshalb auch die homöopathischen Mineralsalze, mit denen sich ohne jegliche Nebenwirkungen Ausgleich schaffen lässt.

Mein Buch enthält im letzten Teil Koch- und Backrezepte, um Ihnen den Start in diese Ernährungsform zu erleichtern. Da ich seit 30 Jahren leidenschaftlich gern koche und backe ist es mir sehr wichtig, nicht nur gesund, sondern vor allem auch lecker zu essen.

So, dass war der Überblick, und jetzt geht es los!

Der Säure-Basen-Haushalt

Die wenigsten Menschen kennen die Bedeutung des Säure-Basen-Haushaltes für unsere Gesundheit. Dabei ist es eigentlich ganz einfach. Krankheit ist mit Säuren und Gesundheit mit Basen verbunden. Doch wie bei vielen Dingen im Leben gilt auch hier, das eine kann nicht ohne das andere.

Doch was bedeutet denn das nun konkret? Der Säure-Basen-Haushalt beim Menschen regelt sämtliche Körperfunktionen, von der Atmung bis zum Hormonhaushalt. Ohne einen funktionierenden Säure-Basen-Haushalt kann der Mensch nicht leben. Das ist auch keine neue Erfindung, das war schon immer so.

Ich werde Ihnen dieses menschliche Regelsystem nun erklären, aber seien Sie gewiss, im Laufe des Buches wird Ihnen diese Thematik immer vertrauter, immer logischer und immer verständlicher. Und Sie werden sich genauso wie ich fragen, warum gibt es eigentlich bei so wichtigen Dingen so wenig allgemeine Aufklärung?

Spricht man von Säuren und Basen, dann spricht man vom pH-Wert. Das Kürzel „pH“ stammt aus dem lateinischen „potentia Hydrogenii“ und bedeutet Konzentration der Wasserstoffionen. Der pH-Wert ist ein Messwert für den Grad der sauren bzw. basischen Reaktion einer wässrigen Lösung.

Da der menschliche Körper zu 70% aus Wasser besteht, laufen sämtliche Stoffwechselreaktionen in einer wässrigen Umgebung ab. Das bedeutet, dass man den pH-Wert dieser Flüssigkeiten in den verschiedenen Bereichen des Körpers messen kann.

Die Stoffwechselvorgänge in unserem Körper können nur optimal ablaufen, wenn das Blut einen pH-Wert von 7,35 – 7,45 aufweist. Der richtige pH-Wert ist aber auch für andere Körperbereiche äußerst wichtig und ein Ungleichgewicht führt zu Krankheiten und Alterungserscheinungen.

Die pH-Skala des Säuregrades reicht von 0 bis 14, wobei 0 den stärksten Säuregrad und 14 den höchsten basischen/alkalischen Wert darstellt. Bei 7 liegt der neutrale Punkt.

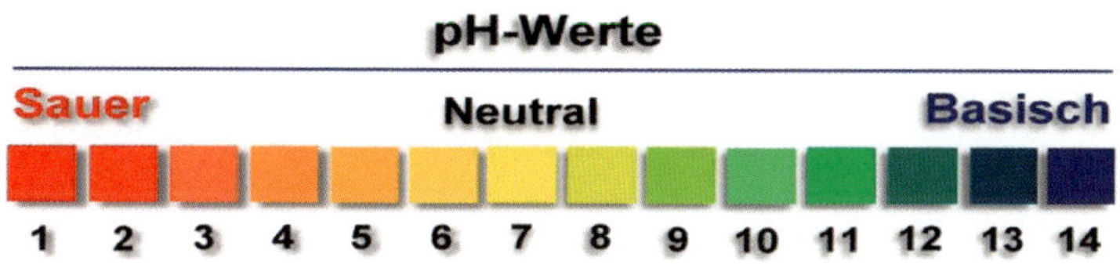

Die unterschiedlichen Säuregrade im Körper sind (man nennt sie auch Säuregrade, wenn sie im basischen Bereich liegen):

Körperbereiche	**pH-Wert**
Magensaft	1,2 – 3,0
Scheide	3,8 – 4,4
Schweiß	4,5 – 6,8
Harn	4,8 – 8,0
Haut	5,5 – 6,5
Muskeln und Zellen der Organe	6,9
Stuhl	7,0
Körperzellen	7,0 – 7,3
Speichel	7,0 – 7,4
Sekret von der Leber und der Gallenblase	7,1 – 8,2
Bindegewebe	7,08 – 7,29

Tränenflüssigkeit	7,35
Blut	7,35 – 7,45
Lymphe	7,41
Sekret der Bauchspeicheldrüse	8,0
Darm	8,0
Fruchtwasser	8,0 – 8,5

Der Mensch ist größtenteils ein basisches Lebewesen mit einigen sauren Bereichen. Diese sauren Bereiche müssen aber sein, da z.B. über den Urin die überschüssigen Säuren abtransportiert werden oder der Magen sonst nicht imstande wäre, die Nahrung zu verarbeiten. Die extremen pH-Schwankungen beim Harn haben den Grund, dass der Körper vor allem in der Nacht und auch morgens die überschüssigen Säuren ausscheidet. Der Urin ist deswegen morgens sauer und mittags basisch.

Der Mensch ist ein basisches Lebewesen. Nur dort, wo etwas verarbeitet wird, ist der Mensch sauer!

Der Körper ist den ganzen Tag über damit beschäftigt, Säuren und Basen im Gleichgewicht zu halten. Das Säure-Basen-Gleichgewicht wird reguliert durch die Puffereigenschaften des Blutes und des Gewebes, den Gasaustausch in der Lunge und die Ausscheidungsmechanismen der Niere.

Das komplexe Puffersystem des Blutes wird als Blutpuffer bezeichnet. Es besteht aus vier Puffersystemen: Kohlensäure-Bicarbonat-System, Hämoglobin, Proteinatpuffer und Phosphatpuffer. Der wichtigste Blutpuffer zum Auffangen von pH-Schwankungen im menschlichen Blutkreislauf ist das Kohlensäure-Bicarbonat-System. Es besteht aus Kohlensäure als Säure und dem Bicarbonation als Base.

Ohne Puffer ist es unserem Organismus nicht möglich, die gesunden pH-Werte dauerhaft aufrecht zu erhalten. Und nun kommt das Entscheidende, die Pufferkapazität. Sie bedeutet für den Körper, aus eigener Kraft in der Lage zu sein, das Säure-Basen-Gleichgewicht zu regulieren, ohne dabei körpereigene Reserven anzugreifen. Die körpereigenen Reserven sind die Bereiche, wo die basenbildenden Mineralstoffe eingelagert sind, wie z.B. die Knochen und Knorpel, die Zähne aber auch der Haarboden.

Und an diesem Punkt kommt dann die Ernährung ins Spiel.

Basische und säurebildende Lebensmittel

Alle Lebensmittel die es gibt, werden vom Körper unterschiedlich verstoffwechselt. Ein Teil der Lebensmittel wird basisch verstoffwechselt, der andere Teil säurebildend. Die basischen Lebensmittel stellen für den Körper kein Problem dar, die säurebildenden hingegen schon. Warum das so ist, wird später noch ausführlich erklärt.

Ich habe Ihnen eine Auflistung von basischen und säurebildenden Lebensmitteln und Getränken zusammengestellt. Die säurebildenden Lebensmittel sind unterteilt in gute und schlechte Säurebildner. Die guten Säurebildner sollten unbedingt in eine überwiegend basische Ernährung integriert werden, während die Schlechten besser gemieden werden. Das Verhältnis von basischen und säurebildenden Lebensmitteln sollte 70-80 % basisch und 20-30 % sauer betragen.

Basische Lebensmittel

- alle frischen Obstsorten (nicht gekocht, kein Dosenobst)
- alle Gemüsesorten (kein Dosengemüse)
- alle Blattsalate
- alle Kräuter und Gewürze
- Kartoffeln
- alle Pilze
- alle Sprossen und Keimlinge
- Mandeln, Erdmandeln, Esskastanien
- Lupineneiweiß*
- Konjac-Nudeln*

Basische Getränke

- Wasser ohne Kohlensäure
- Kräutertee, Ingwertee, Rooibos-Tee
- Smoothies
- Mandelmilch

Basische Süßungsmittel

- Stevia*
- Xylit*
- Erythrit

Gute Säurebildner – Lebensmittel

- Alle Bio-Getreidearten, außer Weizen, jedoch grundsätzlich nur in kleinen Mengen
- Getreideprodukte (z.B. Haferflocken, Bulgur, Couscous), aber nicht aus Weizen
- Goldhirse, Braunhirse, Hirseflocken
- Pseudogetreide (z.B. Buchweizen, Quinoa, Amaranth)
- Vollkornreis, Parboiled Reis
- Hülsenfrüchte (z.B. Linsen, Erbsen, Bohnen)
- Mais
- Ölsaaten (z.B. Sesam, Leinsamen, Sonnenblumenkerne, Hanfsamen*, Mohn)
- Nüsse
- Hochwertige pflanzliche Proteinpulver (z.B. Hanfprotein, Reisprotein, Erbsenprotein)
- Kakaopulver
- Eier aus biologischer Landwirtschaft
- Fisch aus Bio-Aquakultur
- Bio-Tofu und hochwertig fermentierte Bio-Sojaprodukte (z.B. Miso, Tempeh)

Gute Säurebildner – Getränke

- Grüner Tee
- Lupinenkaffee*
- hochwertige pflanzliche Drinks (z.B. Sojadrink, Haferdrink, Reisdrink)

Gute Säurebildner – Süßungsmittel

- Kokosblütenzucker und -sirup*

- Yaconsirup*

Schlechte Säurebildner – Lebensmittel

- alle Produkte aus Weizen, auch Vollkornweizen
- Getreideprodukte aus Weißmehlen (z.B. Weißbrot, Brötchen, Semmel, Kuchen, Nudeln, Cornflakes etc.)
- Fertigprodukte aller Art
- Milchprodukte (z.B. Käse, Quark, Joghurt, Kefir etc.), außer Butter, Ghee und Sahne
- Fleisch- und Wurstwaren
- Eier aus konventioneller Landwirtschaft
- Fisch und Meeresfrüchte aus konventioneller Aquakultur
- stark verarbeitete Sojaprodukte (z.B. das texturierte Sojaprotein TVP)
- Essig, außer naturtrüber Apfelessig
- Ketchup, Senf

Schlechte Säurebildner – Getränke

- alle kohlensäurehaltigen Getränke, auch Wasser mit Kohlensäure
- Kaffee, auch koffeinfreier
- koffeinhaltige Getränke (z.B. Cola, Cappuccino, Espresso)
- Milch
- schwarzer Tee, Früchtetee
- Softdrinks
- Alkohol

Schlechte Säurebildner – Süßungsmittel

- Zucker
- Dicksäfte (z.B. Agavendicksaft)

Öle und Fette werden als neutral eingestuft, wobei die richtige Auswahl äußerst wichtig ist. In dem Kapitel „Essentielle Stoffe – Fettsäuren" habe ich dieses näher beschrieben.

*Erklärung bei den ungewöhnlichen Lebensmitteln

Ich kann mir gut denken, dass einige von Ihnen jetzt sagen: „Das meint die doch wohl nicht im Ernst! Alles was gut schmeckt darf ich nicht mehr essen und alles was gut schmeckt darf ich auch nicht mehr trinken. Soll ich jetzt etwa von Salat und Sprossen leben, die ich ab und zu mit einem Bio-Ei aufpeppen darf, um das Ganze dann mit Leitungswasser herunter zu spülen?"

Ich möchte diejenigen unter Ihnen, die sich gerade in einer Schockstarre befinden, sofort befreien. Ich hatte diese Schockstarre zu Anfang auch und dachte, das geht doch nie im Leben. Aber wie ich zu Anfang schon sagte, ich bin hartnäckig und habe diese Ernährung ausgearbeitet.

Vielleicht hilft ein kleiner Überblick von dem, was wir so essen:

- viermal die Woche Kuchen
- jeden Tag Schokolade
- Brötchen
- Pudding, Eis
- einmal die Woche Alkohol
- Käse
- usw.

Zugegeben, der Alkohol und der Käse sind nicht gesund, die andere Dinge sind es aufgrund meiner Rezepte aber schon. Und dann kommt es auch immer darauf an, was sonst noch so alles gegessen wird und wie man sich alles einteilt. An dem Tag zum Beispiel, an dem wir Alkohol trinken, essen wir bis abends ausschließlich basisch. Dann kochen wir uns was Schönes und dann gibt es das erste Gläschen. Wie viele Gläschen es dann werden, verrate ich jetzt nicht.

Esse und trinke täglich 70-80% basische und 20-30% gute säurebildende Lebensmittel!

Nun ist es aber erst einmal ganz wichtig, dass ich Ihnen erkläre, wie festgestellt wird, ob ein Lebensmittel basisch oder sauer ist. Denn eines haben Sie sicher schon gemerkt, am Geschmack lässt es sich nicht erkennen. Die Zitrone schmeckt sauer und ist basisch, die Praline schmeckt süß und ist sauer.

Das Lebensmittel, dass untersucht werden soll, wird verbrannt. Der Verbrennungsprozess soll die Verdauung im Körper imitieren. Nun wird die übrig gebliebene Asche untersucht, daraufhin, wie sauer oder basisch sie ist. Außerdem wird der Gehalt an säurebildenden Aminosäuren gemessen. So wird festgestellt, in welche Kategorie das Lebensmittel gehört.

Würden allerdings nur diese beiden Kriterien zugrunde gelegt, wäre im Ergebnis z.B. Bier, Wein, Nussnougatcreme oder Eis basisch. Demzufolge gibt es auch einige Tabellen im Internet, wo dergleichen zu lesen ist. Nach so einer Tabelle zu essen und vor allem zu trinken ist prima, nur gesund wird so natürlich keiner.

Wichtig ist nicht nur das Basenpotenzial eines Lebensmittels, sondern auch das Gesundheitspotenzial. Jeder weiß, dass Alkohol oder Zucker nicht gesund sind. Diese Lebensmittel stehen in den Tabellen als basisch, empfohlen wird auch dort 80 % basisch und 20 % sauer zu essen und zu trinken. Na super, könnte doch der ein oder andere denken, dann wäre ich ja mit 8 Flaschen Bier und 2 Bio-Eiern voll im Limit.

Damit Lebensmittel basisch und gesund sind, müssen sie noch weitere Kriterien erfüllen. Basische Lebensmittel sind reich an basischen Mineralstoffen und arm an säurebildenden Aminosäuren. Statt den Körper zu verschlacken, regen sie die körpereigene Basenbildung an. Außerdem verfügen sie über einen hohen Wassergehalt, wirken entzündungshemmend und fördern die Darmgesundheit.

Säurebildende Lebensmittel sind reich an sauer wirkenden Mineralstoffen, reich an säurebildenden Aminosäuren und können die körpereigene Basenbildung nicht anregen. Sie verhindern körpereigene Entsäuerungsprozesse und führen so zur Schlackenbildung im Körper. Sie verfügen oft über einen sehr niedrigen Wassergehalt, fördern die Entstehung von Entzündungen im Körper und schädigen die Darmflora.

Selbstverständlich möchte ich Ihnen auch noch den Unterschied zwischen den guten und den schlechten Säurebildnern erklären, obwohl den Meisten beim Lesen der Unterschied wahrscheinlich schon aufgefallen ist. Die guten Säurebildner bilden nur wenig Säure, verfügen über wenig säurebildende Mineralstoffe, viele Vitamine, wenig Gifte und Zusatzstoffe. Gerade die Getreideprodukte, Hülsenfrüchte, Saaten und Nüsse bieten außerdem hochwertiges pflanzliches Eiweiß. Die Pseudogetreide sind obendrein glutenfrei.

Bei den schlechten Säurebildnern wird vielen das Fleisch, die Wurst, die Milch und die Milchprodukte aufgefallen sein. Fleisch und Wurst, vor allem vom Schwein, sind extrem säurebildend. Milch und Milchprodukte ebenso, zudem rauben Sie dem Körper Calcium und weitere Mineralstoffe, statt wie die Meisten denken, ihn mit diesen zu versorgen. Der Grund, das Phosphor-Calcium-Verhältnis in Milch und besonders in Käse ist ungünstig. Dies führt dazu, dass der Körper das Calcium nicht richtig aufnehmen kann. Durch die starke Säurebelastung, die im Körper entsteht, verbraucht der Körper obendrein basische Mineralstoffe und dazu gehört Calcium. Da er mehr Mineralstoffe zum Neutralisieren der Milch und Milchprodukte braucht, als er von ihnen bekommt, muss er die körpereigenen Reserven anzapfen. Und als wenn das nicht schon ausreichen würde, führt das in diesen Produkten enthaltene Jod zu einer erhöhten Hormonproduktion der Nebenschilddrüse, was zur Folge hat, dass wieder Calcium aus den Knochen geraubt werden muss, um den Calciumspiegel im Blut konstant zu halten.

Ich habe mich neulich mit einem älteren Menschen über dieses Thema unterhalten. Derjenige sagte zu mir: „Was willst du denn, ich esse die ganzen schlechten Dinge doch schon immer und ich bin doch jetzt schon über achtzig.“ Ich antwortete Demjenigen: „Dir ist aber schon klar, dass Du bereits seit 20 Jahren tot wärst, wenn es keine Medikamente geben würde, die versuchen, Deine angerichteten Schäden auszugleichen.“ Ich weiß, dass ich manchmal etwas krass sein kann, vor allem aber direkt. Derjenige war etwas beleidigt über die Antwort, aber auch sehr nachdenklich.

So, jetzt wissen Sie schon gut über die ganzen Zusammenhänge Bescheid, deswegen ist nun der richtige Zeitpunkt für das nächste Kapitel.

Lebensmittel im Wandel

Die industriell verarbeiteten Nahrungsmittel, die wir heute im Supermarkt kaufen können, sind größtenteils weit entfernt von gesund und mineralstoffreich. Die Lebensmittelindustrie möchte ihre Produkte natürlich gewinnbringend verkaufen. Denen ist es völlig egal, ob etwas gesund ist oder nicht. Es ist ihnen auch egal, ob Produkte für Kinder gesund sind. Hauptsache der Umsatz stimmt. Da wird auf Produkten mit „frei von Gluten" geworben, die von Natur aus gar kein Gluten enthalten, nur damit der Verbraucher das Produkt kauft. Dasselbe wird natürlich auch mit den anderen ‚frei von" gemacht. Die Unwissenheit der Verbraucher wird sich zu Nutze gemacht.

Ich möchte Ihnen ein Beispiel aufführen, weil wir eben das Wort „Gluten" hatten. Früher kannte kein Mensch Gluten. Heute wissen auch viele nicht was es ist, aber sie wissen ‚frei von" ist gut. Gluten ist das Klebereiweiß im Getreide. In Verbindung mit Wasser sorgt Gluten dafür, dass der Teig zusammenhält und beim Backen schön aufgeht. Auch für die Speicherung der Feuchtigkeit des Gebäcks braucht es Gluten. Gluten ist also für das Backen wichtig und in nicht so hohen Mengen für den Menschen auch nicht schlimm. Es gibt natürlich Menschen, die überhaupt kein Gluten vertragen. Genauso gibt es aber auch Laktoseintoleranz oder andere Unverträglichkeiten gegenüber bestimmten Lebensmitteln.

Ich habe eben erklärt, welche Aufgaben Gluten zu erfüllen hat. Nun stehe ich im Reformhaus und habe eine Kekspackung in der Hand, die „frei von" ist. Damit der Keks nun auch wie ein Keks aussieht und schmeckt, bedarf es natürlich vieler zusätzlicher Zutaten und die muss man sich genau anschauen. Gluten lässt sich ersetzen, aber es muss auch ersetzt werden, ansonsten kein Keks, kein Brot, kein Kuchen oder ähnliches.

Wie dem auch sei, die Lebensmittelindustrie hat es geschafft, dass der Glutenanteil im Weizen in den letzten 50 Jahren von 5% aufsage und schreibe 50% gestiegen ist. Wie haben sie das geschafft? Genetisch veränderte Mischungen aus verschiedenen Zuchtformen, die schnell wachsen, resistent gegen Schädlinge sind und hohe Erträge liefern.

Letztendlich hat die Lebensmittelindustrie natürlich nichts gezüchtet und angepflanzt. Nein, aber sie braucht den perfekten Weizen mit hohem Glutenanteil. Je mehr Klebereiweiß, desto besser für ihre kommerziellen Backwaren. In welchem Supermarkt gibt es heutzutage keine Backstation?

Wen wundert da Glutenunverträglichkeit. Schon irgendwie verrückt, der Industrie verdanken wir den gesundheitsschädlichen Weizen und die können jetzt mit glutenfrei Kasse machen. Wäre der Weizen so geblieben wie er früher war, wäre er nicht so ungesund.

Die Industrie würde jetzt selbstverständlich sagen, wir bedienen nur die Nachfrage, der Verbraucher will es doch. Ist das wirklich so?

Es ist leider richtig, dass die Zeiten, in denen unsere Lebensmittel alle lebensnotwendigen Nährstoffe enthielten, vorbei sind. Jeder kennt das Wort „saurer Regen". Und wo regnet der saure Regen hin? Auf unsere Felder und beeinflusst so natürlich auch die Qualität unserer Nahrung. Die Veränderungen von Umwelt und Herstellungsmethoden in Bezug auf unsere Nahrung würde bestimmt ein separates Buch füllen.

Ich möchte an dieser Stelle aber ausdrücklich sagen, die Qualität der Lebensmittel hat zwar nachgelassen, unsere Essgewohnheiten haben sich jedoch zum Negativen entwickelt. Zu viel Fleisch, zu wenig Obst und Gemüse, zu viele Fertigprodukte, zu viele Süß- und Teigwaren, zu viele koffeinhaltige Getränke usw. Es ist daher nicht richtig, der Lebensmittelindustrie die Schuld für alles zu geben. Jeder hat die Möglichkeit, seine Ernährung umzustellen und qualitativ hochwertigere Produkte zu kaufen.

Gerade in der heutigen Zeit, wo bei vielen Menschen Stress und Bewegungsmangel an der Tagesordnung sind, wäre eine Ernährungsumstellung umso wichtiger. Denn in Stresssituationen produziert der Körper vermehrt Säuren, wo hingegen bei Bewegung verstärkt Säuren aus dem Körper ausgeschieden werden.

Da unsere Lebensmittelqualität nachgelassen hat, sollten wir nicht Selbiges, sondern das Gegenteil tun!

Eine Sache möchte ich Ihnen noch ans Herz legen. Seien Sie, egal ob Supermarkt, Reformhaus oder Internethändler, immer auf der Hut. Allen geht es nur um ihren Gewinn. Ist ja auf der einen Seite auch verständlich und in Ordnung, vorausgesetzt der Verbraucher wird nicht vorsätzlich getäuscht.

Das beste Beispiel dazu hatte ich vor wenigen Tagen mit meiner Schwester. Sie schickte mir eine Mail mit der Bitte, mir im Anhang die Zutatenliste von einem Basenfrühstück anzusehen, welches sie im Reformhaus gekauft hatte. Ich teilte ihr mit, dass das einzig basische an ihrem Basenfrühstück die 2% Erdmandelmehl und das Vanillearoma seien. Der Rest von knapp 98% seien säurebildend. Gute Säurebildner zwar, aber eben nicht basisch. Ein typisches Beispiel für Vortäuschung falscher Tatsachen. Deswegen seien Sie immer vorsichtig, lesen Sie genau und gucken Sie zur Not in ihre Säure-Basen-Liste, die sie am besten immer parat haben.

Die Übersäuerung des Körpers

Die Übersäuerung des Körpers ist ein Zivilisationsproblem und bedeutet, dass es zu einem Ungleichgewicht im Säure-Basen-Haushalt gekommen ist.

Was passiert denn nun eigentlich mit der Nahrung, die in unseren Körper kommt?

Unsere Nahrung muss verarbeitet und sortiert werden in Brauchbares und Unbrauchbares. Das Brauchbare muss zu den einzelnen Zellen im Körper transportiert werden und das Unbrauchbare muss schnell wieder ausgeschieden werden. Diesen Vorgang nennt man Stoffwechsel, der unsere Körperfunktionen am Laufen hält.

Stoffwechsel ist also die chemische Umwandlung und der Transport von Stoffen in einem Organismus. Ein gut funktionierender Stoffwechsel versorgt jede Körperzelle mit allem, was sie braucht und entledigt sich schnell aller Säuren und Gifte.

Und jetzt kommt das alles Entscheidende! Säuren können nicht so ohne weiteres vom Körper ausgeschieden werden. Sie haben ätzende Eigenschaften und würden die Zellen schädigen, wenn sie nicht zuerst neutralisiert würden. Neutralisieren kann der Körper die Säuren mit seinen basischen Puffersubstanzen, sofern er noch über welche verfügt, und natürlich durch die basischen Mineralstoffe in der Nahrung.

Sind die Säuren neutralisiert, werden diese als Neutralsalze bezeichnet und müssen wieder aus dem Körper raus. Das geschieht über die Nieren, den Darm, die Lunge und die Haut.

Säuren müssen mit Basen neutralisiert werden, da sie ätzende Eigenschaften haben!

Und jetzt kommt das große Problem. Der Körper kann nur eine begrenzte Anzahl an Säuren ausscheiden. Jetzt werden Sie zu Recht fragen und wo bleibt der Rest? Der Rest wird im Körper eingelagert und lässt Krankheiten und optische Alterungserscheinungen entstehen. Diese Reste sind die sogenannten Schlacken, die unseren Organismus zumüllen.

Falten und Cellulite entstehen durch die eingelagerten Schlacken im Bindegewebe. Bluthochdruck, Herzinfarkt und Schlaganfall durch die Schlacken in den Blutgefäßen. Für Arthrose, Arthritis, Rheuma und ähnliches sind die Schlacken in den Gelenken verantwortlich. Nieren-, Blasen- und Gallensteine entstehen durch die Schlacken in den jeweiligen Organen.

Ist es erst einmal so weit gekommen, ist die Übersäuerung des Körpers bereits chronisch. Von gesund zu chronisch ist es allerdings ein langer Weg. Die Menschen bräuchten nur die Warnzeichen des Körpers zu registrieren. Diese zeigen sich ständig, und richtig gedeutet wüssten sie genau, in welchem Stadium der Übersäuerung sie sich befinden.

Erstes Stadium: Bei der versteckten Übersäuerung sind alle pH-Werte noch unverändert, da die Säuren noch abgepuffert werden können. Die körpereigenen Basendepots leeren sich aber bereits und die ersten Schlacken werden eingelagert. Es treten Beschwerden wie Müdigkeit, Leistungsschwäche, Verdauungsstörungen und schlechte Durchblutung auf. Alle diese Anzeichen werden allerdings auf andere äußere Ursachen geschoben.

Zweites Stadium: Bei der akuten Übersäuerung versucht der Körper verstärkt Säuren und Gifte über die Ausscheidungsmechanismen loszuwerden. Durchfall und Erbrechen zum Beispiel sind Sofortreinigungsmaßnahmen, die der Körper unternimmt. Grippale Infekte, Fieber und Entzündungen gehören ebenfalls in diese Kategorie. Nach jeder Erkältung lösen sich verdichtete Schleimhäute, die Atemwege werden freier und Säuren können so besser über die Atmung ausgeschieden werden. Die akute Übersäuerung ist zeitlich befristet und der Körper kann das Säure-Basen-Gleichgewicht aus eigener Kraft wiederherstellen, sofern die Basenreserven reichen. Treten allerdings immer wieder Krankheiten auf und zeigt das Immunsystem Schwächen, ist der Weg zu einer chronischen Übersäuerung nicht mehr weit. In diesem Stadium ist der extrazelluläre Bereich, das sind die Körperflüssigkeiten außerhalb der Zellen, bereits übersäuert.

Drittes Stadium: Bei der chronischen Übersäuerung verändern sich die pH-Werte, mit Ausnahme dem des Blutes. Das bedeutet, basische Bereiche werden zu sauer und saure Bereiche sind zu wenig sauer oder werden gar basisch. Der Körper kann den Säure-Basen-Haushalt nicht mehr aus eigener Kraft regulieren. Er ist nicht mehr in der Lage, die Säureflut auszuscheiden. Es bleibt ihm nichts anderes übrig, als die verstärkte Schlackeneinlagerung und den damit verbundenen Ablagerungskrankheiten. Natürlich muss der Körper auch weiterhin seine eigenen Reserven angreifen, um die Säuren zu neutralisieren. Je nach persönlicher Veranlagung entstehen Entzündungs-, Entmineralisierungs- und Ausleitungskrankheiten. Im Prinzip wird der Körper von zwei Seiten angegriffen. Die basischen Mineralstoffe werden dem Körper entzogen, welches alleine schon genügend Krankheiten mit sich bringt, und die eingelagerten Schlacken kommen noch hinzu. Zu diesem Zeitpunkt ist auch der intrazelluläre Bereich übersäuert, das heißt, das Zellwasser in der Zelle. Im Übrigen können sich Krebszellen nur in einem sauren Milieu entwickeln, was schon im Jahr 1931 entdeckt wurde. Der Entdecker (Dr. Otto Warburg) hat dafür den Nobelpreis bekommen.

Viertes Stadium: Bei der lokalen Übersäuerung kann der Körper nun auch das Blut nicht mehr säurefrei halten und dessen pH-Wert fällt unter 7,35. Das Blut wird dadurch dicker und kann nicht mehr so leicht vom Herzen durch den Körper gepumpt werden. Die Folgen sind Schlaganfall oder Herzinfarkt. Saure Flüssigkeiten sind trüb und zähflüssig, während basische klar sind und leicht fließen. Deswegen erhalten Infarktpatienten intravenös eine basische Lösung aus Natriumbicarbonat, um den pH-Wert des Blutes wieder auf 7,35 zu bringen.

Fünftes Stadium: Bei der tödlichen Übersäuerung versagen die wichtigsten Organe, die den Säure-Basen-Haushalt regulieren. Dadurch wird jede Zelle mit Säuren überflutet und stirbt sofort ab. Es kommt zum tödlichen Herz- oder Hirninfarkt.

Sie kennen nun die verschiedenen Stadien der Übersäuerung und wie ich bereits sagte, die Menschen müssten nur auf die Warnzeichen des Körpers achten. Viele haben natürlich noch nie etwas vom Säure-Basen-Haushalt gehört, diese Tatsache muss berücksichtigt werden. Jeder weiß doch aber, zu viel Fleisch, Wurst, Brötchen, Fertigprodukte usw. sind nicht gesund. Frisches Obst und Gemüse sollen jeden Tag reichlich verzehrt werden. Darüber hinaus soll man viel trinken, und zwar Wasser und keinen Kaffee oder ähnliches. Wer alleine diese Dinge berücksichtigt, der hat schon viel getan. Wer allerdings **richtig** gesund bleiben oder werden will, für den ist die überwiegend basische Ernährung mit guten Säurebildnern ein Muss.

Ich höre auch immer wieder von Leuten die sagen, sie vertragen kein frisches Obst oder frisches Gemüse. Wie Sie eben gelesen haben, sind bei der chronischen Übersäuerung die pH-Werte verschoben. So auch häufig der im Magen und der im Darm. Wen wundert es da, dass kein frisches Obst und Gemüse mehr vertragen wird. In den meisten Fällen ist es beim Obst allerdings das Problem, dass die Menschen dieses nach einer Mahlzeit essen. Das ist falsch! Obst muss immer auf nüchternen Magen gegessen werden. Nur so kann es sofort im Magen verarbeitet werden und in den Verdauungstrakt gelangen. Die Vitamine werden vom Körper richtig aufgenommen und Blähungen gehören der Vergangenheit an. Jegliche Nahrung, die wir zu uns nehmen, wird immer in der Reihenfolge verdaut, wie wir sie gegessen haben. Wird Obst während oder am Ende einer Mahlzeit gegessen, hat es bereits angefangen zu gären, wenn es an die Reihe kommt, um verarbeitet zu werden.

Eine Sache möchte ich dazu noch erwähnen, und zwar die Fructose-Intoleranz (Fruchtzucker-Unverträglichkeit). In wenigen Fällen ist diese Unverträglichkeit vererbt, jedoch in den meisten Fällen im Laufe des Lebens erworben. Solche Menschen vertragen kein oder nur wenig Obst und auch nicht auf nüchternen Magen. Die Frage ist allerdings, die sich diese Menschen stellen müssen, woran liegt es, dass sie sich diese Unverträglichkeit erworben haben? Für vererben kann keiner etwas, aber die mit der Erworbenen haben in sehr vielen Fällen eine nicht intakte Darmflora, womit wir wieder bei den pH-Werten wären und sollten zuerst an dieser Stelle ansetzten. Außerdem kann man sich auch Obstsorten mit wenig Fruchtzucker aussuchen, die zudem einen höheren Glucose- wie Fructoseanteil haben, denn dann ist die Verträglichkeit auch besser. Sehr hilfreich in diesen Fällen ist es natürlich auch, keine Obstsäfte zu trinken und keinen Haushaltszucker zu essen.

Eine Sache möchte ich zu diesem Kapitel der Vollständigkeit halber noch erwähnen. Häufig findet sich in der Literatur das Wort "Azidose" und wird mit einer Übersäuerung gleichgesetzt. Ich möchte deshalb noch kurz den Unterschied erklären. Eine Azidose ist, wie eine Übersäuerung, eine Störung im Säure-Basen-Haushalt. Allerdings bedeutet eine Azidose immer, dass der pH-Wert des Blutes unter 7,35 gesunken ist. Das vierte Stadium, die lokale Übersäuerung, ist somit eine Azidose. Bei den Stadien eins bis drei ist der pH-Wert des Blutes im Normalbereich, weswegen hier lediglich von einer Übersäuerung gesprochen werden darf. Das Gegenteil von einer Azidose ist eine Alkalose und bedeutet, dass der pH-Wert des Blutes über 7,45 gestiegen ist.

Mit Basen hat der Körper keine Probleme,
nur mit Säuren!

Wie Sie jetzt wissen, kann der Zustand einer Übersäuerung schon normal sein, allerdings nur bei einer Leiche. Damit Sie nun nicht zu einer solchen werden, kommt jetzt das nächste Kapitel.

Die Entsäuerung des Körpers

Sie haben im vorangegangenen Kapitel erfahren, wie die Säuren in den Körper hineinkommen und vor allem, dass nicht alle wieder hinauskommen. Nun kommt die gute Nachricht. Sie müssen nicht den Rest Ihres Lebens mit Ihren eingelagerten Säuren, die nun Schlacken sind, verbringen. Sie können den eingelagerten Müll wieder loswerden. Sie können sogar fünfzehn Jahre alten Müll loswerden und Sie werden sich danach auch fünfzehn Jahre jünger fühlen.

Doch wie geht das nun? Es besteht zum Beispiel die Möglichkeit, eine ein- bis dreimonatige Entsäuerungskur zu machen. Beim sogenannten Basen- oder Heilfasten werden für einen bestimmten Zeitraum keine säurebildenden Lebensmittel gegessen. Zusätzlich werden basische Fuß- und auch Vollbäder genommen, da über die Haut viele Säuren ausgeschieden werden. Außerdem lässt sich die Kur noch mit basischen Präparaten unterstützen.

Ich möchte Ihnen dazu folgendes sagen. Ich halte grundsätzlich nichts von „Radikalkuren". Jede Radikalkur kann Komplikationen mit sich bringen. So etwas möchte ich vermeiden, denn jede Umstellung für den Körper, auch wenn sie gut ist, ist eine Umstellung. Ich habe fünfundzwanzig Jahre geraucht, zu manchen Zeiten wie ein Schornstein. Ich habe immer wieder versucht weniger zu rauchen, um dann ganz aufzuhören. Mit dem Rauchen ist das natürlich schon eine spezielle Angelegenheit, wegen der Sucht. Vier Jahre habe ich gebraucht, bis ich begriffen habe, du musst von heute auf morgen aufhören, langsame Entwöhnung funktioniert bei einem Dauerraucher nicht. Bei einem Gelegenheitsraucher bestimmt eher. Jedenfalls habe ich selbiges dann auch getan und es dauerte nicht lange, und ich bekam „Pfeiffersches Drüsenfieber". Eine Virusinfektion, die normalerweise Kinder, Jugendliche und junge Erwachsene bekommen. Ich war 39 Jahre alt. Eine Virusinfektion, die normalerweise nur einmal auftritt, dann ist man immun. Ich bekam das Virus alle paar Monate wieder. Eine Virusinfektion, die normalerweise harmlos verläuft. Ich musste ins Krankenhaus. Natürlich könnte das auch sonst was für Gründe gehabt haben, aber komisch war es schon. Und dass mein Körper eine Wahnsinnsumstellung nach 25 Jahren Rauchen durchgemacht hat, ist logisch.

Irgendwann hatte ich das Ganze überstanden. Geholfen und zwar wirklich geholfen haben mir nur die homöopathischen Mineralsalze, zu denen ich Ihnen später noch mehr berichten werde.

Ich möchte Ihnen natürlich nicht von einer Basenkur abraten oder diese gar schlecht reden, nur weil ich eine solche Erfahrung gemacht habe. Dieses sollte lediglich ein Beispiel sein. Mein Mann und ich haben allerdings in den ganzen Jahren, in denen wir die Ernährung umgestellt haben, immer wieder körpereigene Reaktionen erlebt. Diese waren zum größten Teil positiv, aber es gab auch negative. Wir wussten genau, wenn wir das jetzt so essen oder trinken, ist das gut für den Körper. Trotzdem reagierte der Körper negativ, nur kurz, aber dennoch. Ich habe wie oft gesagt, nicht alles was gut ist muss auch sofort eine positive Reaktion auslösen. Denn wenn der Körper Schlechtes gewohnt ist, möchte er das Schlechte auch wiederhaben und nicht das Gute.

Wie dem auch sei, ich bin ja im musikalischen Bereich tätig. Ich würde nie mit meinen Sängern Übungen machen, die ich nicht selber bei mir ausprobiert habe. Ich würde meinen Schülern auch nie eine Übung aufgeben, die ich nicht vorher auf ihre Funktionstüchtigkeit getestet habe, damit der gewünschte Weiterentwicklungseffekt auch schnell erreicht wird. Und deshalb kann ich auch keine Basenkur empfehlen, da ich sie selber nicht gemacht habe.

Eine weitere wichtige Überlegung für diejenigen, die eine solche Kur machen möchten, ist folgende. Ein bis drei Monate im Prinzip nur Obst und Gemüse. Ja, es gibt auch basische Konjacnudeln und es lässt sich auch mit Erdmandel- oder Mandelmehl etwas Backen. Der Löwenanteil ist und bleibt aber Obst und Gemüse. Respekt demjenigen, der nicht am siebten Tag den Kohlrabi gegen die Fensterscheibe wirft. Kürzere Kuren, also weniger wie einen Monat, bringen gar nichts. Jahrelang die Säuren angefuttert und dann innerhalb von zehn Tagen alles weg. Das kann sich wohl jeder denken, dass das nicht funktioniert.

Und damit wäre ich wieder bei den „Radikalkuren“. Die wenigsten Menschen halten Radikalkuren durch, und ehe man sich versieht ist alles wieder wie vorher. Deswegen ist meine Meinung, die Thematik verstehen und nach und nach etwas ändern, sich gewöhnen, ausprobieren. Und dann bleibt man auch dabei, weil es nämlich funktioniert und man wunderbar klarkommt und weil es einem stetig immer bessergeht.

Lieber eine langsame Umstellung die bleibt, als eine Radikalkur die man nicht durchhält!

Nun möchte ich Ihnen mitteilen, wie Andreas und ich das gemacht haben. Wir haben als erstes angefangen, nur noch stilles Mineralwasser zu trinken und keines mehr mit Kohlensäure. Zu allen säurebildenden Lebensmitteln haben wir auch basische gegessen, so dass der Körper gleich die basischen Mineralstoffe mitbekam, um die Säuren neutralisieren zu können. Im Klartext heißt das, zu den Frühstücksbrötchen Tomaten und grüne Gurke. Zum Mittagessen ist es einfacher, da Kartoffeln und Gemüse basisch sind, lässt sich dieses ganz gut kombinieren. Nachmittags haben wir uns angewöhnt Obst zu essen, und zwar reichlich. Und zum Abendbrot immer Salat mit dazu. Dementsprechende Salatrezepte, die vier bis fünf Tage halten, finden Sie bei den Rezepten.

Wir haben keinerlei Fertigprodukte mehr gekauft und weniger Süßigkeiten und Kuchen gegessen. Nicht zu vergessen, wenig Fleisch und wenig Milchprodukte. Käse essen wir in geringen Mengen noch heute, aber Milch trinken und Joghurt essen ist schon lange vorbei.

Ja, und das war es am Anfang. Überhaupt keine riesengroße Veränderung und dennoch schon große Wirkungen. Andreas seine Knie wurden merklich besser und von seinen täglichen zwei Blutdrucktabletten brauchte er nur noch eine zu nehmen. Meine Cellulite an den Oberschenkeln wurde erheblich besser und die Beine wurden dünner. Zu dem Zeitpunkt waren wir über diese ganze Thematik noch nicht so gut informiert, wie wir es jetzt sind. Umso erstaunlicher waren für uns die Veränderungen.

Was habe ich nicht alles in den ganzen Jahren versucht, um meine Cellulite loszuwerden; Fitnessstudio, Bürstenmassagen, Cellulitecreme. Und geholfen hat gar nichts. Ich war einmal auf einer Fortbildung und da diese in einem Schloss war, gab es dort natürlich große lange Gänge. Jedes Mal, wenn man zur Toilette wollte, musste man einen langen Gang entlang, an dessen Ende sich eine Glastür befand. Der Lichteinfall war so günstig oder auch ungünstig, dass man seine Silhouette viele Meter in der Glastür vor sich sah. Wann ergibt sich schon mal so eine Gelegenheit, dass man seine Silhouette, seine Proportionen von soweit wegsehen kann? Gott sei Dank nie, habe ich gedacht. Du hast doch früher nicht solche Oberschenkel gehabt, sagte ich mir. Dass die Hosen noch passen, kann nur am Stretch liegen. Was glauben Sie, was ich gejubelt habe, als sich der Stretch wieder in seiner Ursprungsform ausdehnen konnte. Und so etwas und natürlich auch Andreas seine Fortschritte haben motiviert.

Deshalb war unsere nächste Maßnahme kein Weizen mehr zu essen, sondern nur noch Dinkel. Ich habe sowieso schon seit vielen Jahren Brot, Weißbrot und Kuchen selber gebacken. Einen Bäcker von innen habe ich schon seit Ewigkeiten nicht mehr gesehen. Es war allerdings eine Wahnsinnsumstellung, da Dinkelmehl völlig andere Backeigenschaften hat wie Weizenmehl. Zum Glück gibt es für alle Nichtbäcker bereits ein immer größer werdendes Sortiment an Dinkelgebäckwaren.

Es traten weitere körperliche Veränderungen bei uns auf. Andreas brauchte nun gar keine Blutdrucktabletten mehr. Ich habe von jeher niedrigen Blutdruck, zumindest dachte ich das immer. Von meiner Krankenkasse gab es ein Bonusprogramm, bei dem ein Geldbetrag für gewisse erfüllte Kriterien überwiesen wurde. Ein Kriterium war ein guter Blutdruck bis zu einem Wert von maximal 140/90, der beim Arzt gemessen werden musste. Ich konnte mir zwar immer den Blutdruck bescheinigen lassen, aber viel Luft nach oben war nicht mehr. Irgendwann war ich einmal beim Checkup und mein Hausarzt sagte mir, ab einem gewissen Alter ist es ganz normal, dass der Blutdruck steigt. Noch geht es bei Ihnen, aber wir müssen aufpassen. Dreimal dürfen Sie raten, was ich jetzt wieder für einen Blutdruck habe: 105/65. Und Andreas 120/80, wie gesagt, ohne Tabletten. Vor der Ernährungsumstellung hatte Andreas 160/100 ohne Tabletten. Die weiteren Veränderungen waren super Verdauung, keine Schlafstörungen, keine Kopfschmerzen und keine Erkältung oder andere Krankheiten mehr.

Ich bin von Natur aus ein eher nervöser Mensch und selbst meine Nerven wurden wesentlich besser.

Es versteht sich von selbst, dass wir immer tiefer in die Materie eingedrungen sind und die Ernährung immer weitergeführt und entwickelt haben. Der Entwickler bei uns bin ich, und manchmal wurde es Andreas auch ein bisschen zu viel, wenn schon wieder etwas Neues oder anderes kam. Da seine Knie sich aber prächtig entwickelten und die Arthrose aus seinen Füßen und Händen bereits verschwunden war, hat er natürlich alles mitgemacht. Na ja, so wie eine Frau gern einmal etwas umdekoriert, kann für einen Mann das Bild auch schon mal 15 Jahre an derselben Stelle hängen. Aber nur so kamen wir voran und mittlerweile gehören Lebensmittel bei uns zum Standard, von denen viele Leute noch nie etwas gehört haben. In dem Kapitel ungewöhnliche Lebensmittel werden ich Ihnen diese vorstellen.

Ich kann Ihnen sagen, wir essen sehr viel besser und schmackhafter als früher. Und auch da habe ich schon immer sehr weit vorn gelegen, wenn andere Leute meine Gerichte oder meinen Kuchen gegessen haben.

Wir sind mittlerweile unsere 20 Jahre alten Säuren/Schlacken losgeworden und genauso fühlen wir uns auch, körperlich und geistig. Zu den vorgenannten Veränderungen sind noch viele tolle dazu gekommen. Andreas litt immer unter unreiner und großporiger Haut. Ständig hatte er Pickel, und wenn die einen weggingen, kamen die nächsten. Mittlerweile hat er keine Pickel mehr und sein Hautbild ist enorm feinporiger geworden. Das so etwas überhaupt geht, hätte ich nie für möglich gehalten. Bei mir sind Alterswarzen weggegangen und auch Leberflecken, die im Laufe der Jahre immer mehr geworden waren. Überhaupt unser ganzes Hautbild ist viel faltenfreier und jünger geworden. Meine Sehkraft hat sich wieder so gebessert, dass ich einer Brille gerade so entkommen bin. Ich kann selbst wieder die kleinsten Buchstaben lesen und sehe zum Ärger meines Mannes jeden Fussel und jeden Fleck. Denn die Schlacken lagern sich auch in die feinen Gefäße der Augennetzhaut.

Andreas hatte schon vor 20 Jahren zwischen seinen braunen Haaren graue. Die grauen Haare, die im Laufe der Jahre natürlich mehr geworden waren, sind fast komplett weg und so hat er mit 55 Jahren noch volles, braunes Haar.

Ich litt immer unter extremen Haarausfall und habe mit Nichts, aber auch gar Nichts eine Verbesserung erzielen können. Sie können es sich sicherlich denken, was jetzt kommt. Der Haarausfall ist nun endlich vorbei und grau sind meine Haare auch noch nicht, sondern immer noch gleichmäßig dunkelbraun. Es sind noch so viele Dinge passiert! Fußpilz und Nagelpilz sind weggegangen, überhaupt das Wachstum der Nägel, kein Vergleich. Nicht mehr wellig, total fest, kein Abbrechen mehr. Ich hatte ständig geschwollene Beine, zu viel Wasser, alles weg. Krank werden wir nun gar nicht mehr, noch nicht einmal ein Kratzen im Hals. Manchmal ist es direkt unheimlich, aber toll.

Wenn Sie nun wissen möchten wie sauer Sie sind, haben Sie die Möglichkeit, sich geeignete Teststreifen rezeptfrei in der Apotheke zu holen. Mit diesen Streifen wird der pH-Wert im Urin bestimmt. Achten Sie darauf, dass der pH-Bereich von 5,6 bis 8,0 abgedeckt ist. Die Handhabung der Teststreifen ist unterschiedlich, deshalb müssen Sie auf die Anwendungshinweise in der Packungsbeilage achten. Die Messungen sollten über mehrere Tage (ca. 5-7) erfolgen, damit man aussagekräftige Werte erhält. Es sollte am Tag mindestens dreimal, am besten fünf- bis sechsmal gemessen werden. Nach den Mahlzeiten sollte eine Zeitspanne von 2 Stunden bis zur nächsten Messung eingehalten werden.

Der pH-Wert des Urins ist abhängig von der Tageszeit, dem seelischen Befinden und der Nahrung. Eiweißreiche Lebensmittel liefern sauren, Obst und Gemüse basischen Urin.

Da besonders in der zweiten Nachthälfte die Ausscheidung der Säuren auf Hochtouren läuft ist es richtig, dass der Morgen-Urin leicht sauer ist. Die Messungen sollten immer Schwankungen aufweisen, d.h. morgens liegt der pH-Wert im sauren Bereich, mittags wird er basisch, zum Nachmittag wieder leicht sauer und am Abend liegt er wieder im basischen Bereich. Die Schwankungen sind der Beweis dafür, dass der Körper die Säure-Basen-Regulation im Griff hat. So liegen die gesunden Werte morgens zwischen 6,2 und 6,8 und abends zwischen 6,8 und 7,4.

Ich muss allerdings sagen, Teststreifen hin oder her, orientieren Sie sich lieber an Ihren Veränderungen, die Sie erleben werden. Denn die Teststreifen sagen Ihnen nicht, wie viele alte Schlacken noch in Ihnen wohnen.

Essentielle Stoffe – Die Mineralstoffe

Für den Menschen gibt es vier verschiedene Gruppen von essentiellen Stoffen. Essentiell bedeutet, dass diese Stoffe für den Menschen lebensnotwendig sind, er diese aber nicht selbst herstellen kann und sie deshalb mit der Nahrung aufnehmen muss. Zu diesen vier Gruppen gehören einige Mineralstoffe, zwei mehrfach ungesättigte Fettsäuren, etliche Aminosäuren und fast alle Vitamine.

Fangen wir mit den Mineralstoffen an. Mineralstoffe sind anorganische Nährstoffe und werden unterteilt in Mengen- und Spurenelemente. Der Unterschied ist ganz einfach und der Name sagt es schon aus. Mengenelemente kommen im Körper in großer Konzentration vor und müssen dem Körper auch in großen Mengen zugeführt werden. Spurenelemente sind das Gegenteil. Sie kommen in kleinen Mengen im Körper vor und müssen demzufolge auch nur in kleinen Mengen zugeführt werden. Die Begriffe Mineralstoffe und Spurenelemente werden häufig in einem Atemzug genannt, sind aber so nicht korrekt ausgedrückt. Es gibt nur Mineralstoffe, oder halt Mengen- und Spurenelemente.

Nachfolgend habe ich Ihnen eine Tabelle mit den essentiellen Mineralstoffen erstellt. Der Tagesbedarf bezieht sich auf Erwachsene und differenziert je nach Geschlecht, Gewicht und Alter. Kinder, Jugendliche, Schwangere und Stillende haben oftmals einen anderen Tagesbedarf.

Mengen-elemente	**Spuren-elemente**	**Basisch**	**Sauer**	**Tages-bedarf**
Calcium		•		1000 mg
Chlorid			•	2300 mg
	Cobalt	•		3 µg*
	Eisen	•		10-15 mg

	Jod		•	180-200 µg
Kalium		•		4000 mg
	Kupfer	•		1-1,5 mg
Magnesium		•		300-350 mg
	Mangan	•		2-5 mg
	Molybdän	•		50-100 µg
Natrium		•		1500 mg
Phosphor			•	700 mg
Schwefel			•	900 mg*
	Selen	•		60 -70 µg
	Silicium		•	30-200 mg*
	Zink	•		7-10 mg

*es gibt nur inoffizielle und keine offiziellen Angaben über den Tagesbedarf

Eine Zufuhr zu vieler Mineralstoffe über einen längeren Zeitraum kann natürlich auch zu Nebenwirkungen führen. Vorsicht ist immer bei den Nahrungsergänzungsmitteln geboten. Diese können schnell überdosiert werden und obendrein kann Künstliches nie Natürliches ersetzen. Wussten Sie, dass unser Körper sehr wohl zwischen künstlichem und natürlichem unterscheiden kann?

Sie kennen nun die wichtigsten Mineralstoffe und den täglichen Bedarf. Interessant ist jetzt natürlich, was diese im Körper bewirken:

Calcium: Aufbau und Erhaltung von Knochen und Zähnen; Erregung von Muskeln und Nerven; Unterstützung der Blutgerinnung

Chlorid: Bildung der Salzsäure im Magen, die für die Verdauung der Nahrung notwendig ist; reguliert den Wasserhaushalt

Cobalt: Bildung von roten Blutkörperchen; Erhaltung des Nervengewebes

Eisen: Blutbildung; Sauerstoffversorgung im Blut; Bildung von Hämoglobin

Jod: Bildung von Schilddrüsenhormonen; Regulation Stoffwechsel und Körpertemperatur

Kalium: Regulierung des Wasserhaushalts der Zellen; Verwertung der Kohlenhydrate; Proteinaufbau; Regulierung des Blutdrucks

Kupfer: unterstützt die Bildung roter Blutkörperchen; Unterstützung des Nerven- und Immunsystems; Bestandteil der Abwehrzellen; sorgt für normale Haar- und Hautpigmentierung

Magnesium: Energiebereitstellung; unterstützt den Aufbau der Muskeln und Knochen; Regulierung des Blutdrucks; beugt Krämpfen vor; senkt den Cholesterinspiegel

Mangan: Energieproduktion; Regulierung des Blutzuckers; schützt vor freien Radikalen (zellschädigende Moleküle)

Molybdän: Zuständig für die Eiweißbildung; unterstützt die Bildung von Harnsäure

Natrium: reguliert den Wasserhaushalt; unterstützt die Aufnahme von Zucker und Aminosäuren

Phosphor: Erhaltung von Knochen und Zähnen; Energiegewinnung und -verwertung

Schwefel: unterstützt Eiweißproduktion; Energieversorgung; Aufbau von Haaren, Nägeln und Haut

Selen: Gewebeelastizität; schützt vor freien Radikalen

Silizium: Erhaltung von Knochen, Knorpeln, Haaren, Zähnen, Nägeln und Bindegewebe

Zink: Stärkung des Immunsystems; Insulinspeicherung; Wundheilung; Wachstum

Sie sehen, wie wichtig Mineralstoffe für unseren Körper sind. Die meisten Menschen führen dem Körper gerade die basischen Mineralstoffe nicht in ausreichender Menge zu. Der Körper braucht sie aber um zu überleben, gerade die basischen. Wieso? Natürlich, weil er die Säuren neutralisieren muss.

Bekommt der Körper nun keine basischen Mineralstoffe mit der Nahrung, dann bleibt ihm nichts anderes übrig, als an die körpereigenen Reserven zu gehen. Der Körper will ja überleben, also muss er reagieren. Er weiß zum Beispiel genau, auf dem Haarboden lagern viele schnell verfügbare notwendige Mineralstoffe. Haare sind zwar schön, zum Überleben aber unwichtig. Das Blut, welches in uns fließt, muss basisch sein, sonst sterben wir. Der Körper ist nicht dumm, entweder Haare oder Blut. Doch was hat ein Toter von einer vollen Haarpracht? Genau das denkt sich der Körper, deswegen räubert er überall dort, wo es für ihn nicht lebensbedrohlich wird. Zumindest kurzfristig gesehen. Zähne, Knochen und Knorpel zum Beispiel sind perfekte Calciumreserven. Aus den Blutgefäßen und Organen können auch prima Mineralstoffe geholt werden. Wo genau der Körper als erstes angreift, ist natürlich eine Sache der persönlichen Gene. Aber ist eine Quelle leergeräubert, dann geht es an die nächste.

Die lieben Gene sind bei den Menschen verschieden, diese Tatsache ist jedem bekannt. Ihnen ist aber jetzt sicher klargeworden, dass es keinen genetisch bedingten Haarausfall, Bluthochdruck, Herzschwäche, Arthrose oder Sonstiges gibt. Das einzige was es gibt, ist die Veranlagung für Schwachstellen, die jeder hat und die bei jedem woanders sind. Versorge ich meinen Körper aber mit dem was er braucht, merke ich auch von den Schwachstellen nichts oder nur sehr wenig. Ausgenommen sind natürlich Menschen mit genetischen Defekten, aber davon spreche ich an dieser Stelle auch nicht.

Fehlende Mineralstoffe bedeuten für den Körper, der Alterungs- und Krankheitsprozess hat begonnen!

Hat der Prozess nun begonnen, gäbe es natürlich auch für jedes Leiden eine Pille. Sind die Blutgefäße verschlackt, gibt es Bluthochdrucktabletten. Oder man nimmt gleich Blutverdünner und die nächste Currywurst kann kommen. Nierensteine, Gallensteine, Blasensteine lassen sich doch wegmachen. Blöd ist es allerdings, wenn man plötzlich an die Dialyse muss oder einen künstlichen Ausgang braucht. Ansonsten hat ein Krankenhaus viele Ersatzteile auf Lager. Wofür es allerdings noch keine richtigen Mittel gibt, ist die Demenz, die auch durch Übersäuerung/Verschlackung entsteht. Aber irgendwann gibt es auch die. Die Arztpraxen sind brechend voll, der Pharmaindustrie geht es blendend, und ich war wahrscheinlich mal wieder zu krass.

Eine große Auswahl von Lebensmitteln in denen diese Mineralstoffe zu finden sind, habe ich Ihnen nachfolgend aufgelistet, so dass sich der Tagesbedarf problemlos decken lässt. Lassen Sie sich von manchen Zahlen nicht irritieren, denn es kommt immer auf das Gewicht an, was man vom dem jeweiligen Produkt normalerweise zu sich nimmt. Die Tagesdosis von der Sango Meeres Koralle zum Beispiel beträgt 2,4 g, während eine Tagesdosis Obst locker 400 g sein können. Allein eine normale Banane ohne Schale wiegt ca. 120 g und zwei abgepellte Mandarinen schon 150 g. Die aufgelisteten Lebensmittel stehen im Einklang mit der überwiegend basischen Ernährung mit guten Säurebildnern. Wenn zum Beispiel nur Gemüse oder Obst steht, habe ich die Highlights weggelassen und von dem Rest einen Durchschnitt errechnet. Die mit einem Sternchen* versehenen Namen sind bei den ungewöhnlichen Lebensmitteln erklärt. Der Tagesbedarf steht jeweils noch einmal dabei und die Angaben beziehen sich immer auf 100 g.

Calcium / 1000 mg

Sango Meeres Koralle* 23500 mg / Sesam 738 mg / Weizengraspulver* 320 mg / Mandeln 250 mg / Lupineneiweiß 210 mg / Grünkohl 196 mg / Hanfsamen* 190 mg / Spinat 121 mg / Fenchel 109 mg / Brokkoli 109 mg / Gemüse 40 mg / Obst 33 mg

Chlorid / 2300 mg

Salz 60000 mg

Cobalt / 3 µg

Da es keine offiziellen Angaben über den Tagesbedarf gibt, liegen auch keine genauen Angaben über den Cobaltgehalt in Lebensmitteln vor. Alle Lebensmittel mit Vitamin B12 enthalten auch Cobalt.

Eisen / 10-15 mg

Weizengraspulver* 37,0 mg / Dinkelvollkornmehl 9,68 mg / Hirse 9,0 mg / Hülsenfrüchte 6,3 mg / Haferflocken 5,4 mg / Lupineneiweiß* 4,0 mg / Ei 2,1 mg / Gemüse 1,0 mg / Obst 0,6 mg

Jod / 180-200 µg

Sango Meeres Koralle* 700 µg / Schellfisch 243 µg / Seelachs 200 µg / Kabeljau 155 µg / Krabben 130 µg / Garnelen 130 µg / Rotbarsch 105 µg / Hummer 100 µg / Alaska Seelachs 100 µg / Lachs 34 µg

Kalium / 4000 mg

Weizengraspulver* 2757 mg / Hülsenfrüchte 1020 mg / Hanfsamen* 860 mg / Lupineneiweiß* 850 mg / Kartoffeln 411 mg / Dinkelvollkornmehl 407 mg / Bananen 382 mg / Fisch 350 mg / Gemüse 300 mg / Obst 220 mg

Kupfer / 1-1,5 mg

Cashewkerne 3,7 mg / Haselnüsse 1,3 mg / Krabben 1,1 mg / Hirse 0,85 mg / Linsen 0,74 mg / Weizengraspulver* 0,67 mg / Haferflocken 0,53 mg / Lupineneiweiß* 0,5 mg / Dinkelvollkornmehl 0,46 mg / Gemüse 0,1 mg / Obst 0,1 mg

Magnesium / 300-350 mg

Sango Meeres Koralle* 11000 mg / Hanfsamen* 470 mg / Hirse 170 mg / Mandeln 170 mg / Lupineneiweiß* 170 mg / Haferflocken 137 mg / Hülsenfrüchte 130 mg / Dinkelvollkornmehl 109 mg / Bananen 36 mg / Gemüse 24 mg / Obst 15 mg

Mangan / 2-5 mg

Weizengraspulver* 6,16 mg / Haselnüsse 5,7 mg / Haferflocken 4,5 mg / Heidelbeeren 4,2 mg / Dinkelvollkornmehl 3,3 mg / Amaranth 3,0 mg / Lupineneiweiß*

2,2 mg / Reis 2,1 mg / Linsen 1,49 mg / Mandeln 1,9 mg / Brombeeren 0,89 mg / Obst 0,24 mg / Gemüse 0,15 mg

Molybdän / 50-100 µg

Buchweizen 485 µg / Rotkohl 127 µg / Kakaopulver 73 µg / Knoblauch 70 µg / Erbsen 70 µg / Spinat 53 µg / Zander 51 µg / Schnittbohnen 43 µg / Erdnüsse 43 µg / Honigmelone 34 µg / Reis 31 µg / Roggenmehl 30 µg / Zwiebeln 32 µg / Ei 14 µg / Cashewkerne 10 µg / Möhren 8 µg

Natrium / 1500 mg

Salz 38850 mg

Phosphor / 700 mg

Haferflocken 436 mg / Hülsenfrüchte 400 mg / Reis 325 mg / Hirse 300 mg / Seelachs 300 mg / Lupineneiweiß* 290 mg / Dinkelvollkornmehl 286 mg / Fisch 240 mg / Roggenmehl 196 mg / Gemüse 55 mg / Obst 30 mg

Schwefel / 900 mg

Erdnüsse 395 mg / Kabeljau 252 mg / Sesam 230 mg / Makrele 211 mg / Haferflocken 200 mg / Lachs 180 mg / Ei 180 mg / Nüsse 160 mg / Mohn 150 mg / Hirse 140 mg / Roggenmehl 140 mg / Dinkelvollkornmehl 58 mg / Weißkohl 54 mg / Zwiebeln 50 mg / Kartoffeln 33 mg

Selen / 60-70 µg

Kokosnüsse 810 µg / Bückling 140 µg / Paranüsse 100 µg / Fisch 45 µg / Ei 20 µg / Weizengraspulver 18 µg / Rosenkohl 18 µg / Lupineneiweiß* 12 µg / Reis 11 µg / Haferflocken 10 µg / Kokosöl, Hirse und Sesam sind ebenfalls sehr selenhaltig, es finden sich jedoch keine genauen Zahlen

Silicium / 30-200 mg

Hirse 400 mg / Hafer 400 mg / Kartoffeln 60 mg / Erdnüsse 50 mg / Ei 30 mg / Haferflocken 11 mg

Zink / 7-10 mg

Haferflocken 4,06 mg / Paranüsse 4,0 mg / Linsen 3,73 mg / Lupineneiweiß* 3,5 mg / Dinkelvollkornmehl 3,36 mg / Nüsse 2,6 mg / Roggenmehl 2,42 mg / Weizengraspulver* 1,84 mg / Hirse 1,8 mg / Reis 1,52 mg / Ei 1,35 mg / Fisch 1,0 mg / Gemüse 0,4 mg / Kartoffeln 0,32 mg / Obst 0,11 mg

Mineralstoffe sind hitzebeständig und können somit beim Kochen nicht zerstört werden. Wird allerdings beim Kochen viel Wasser verwendet, geht ein Teil der Mineralstoffe ins Kochwasser über. Deswegen besser dünsten, dämpfen oder ganz einfach das Kochwasser weiterverarbeiten.

Zu zwei Mineralstoffen möchte ich Ihnen noch ein paar Erklärungen liefern:

Chlorid: Den Hauptbestandteil liefert das tägliche Salz, wobei 4 g Salz die Tagesdosis bereits decken. Alle Lebensmittel, die gesalzen sind, enthalten Chlorid, deswegen ist es ganz wichtig, auch auf das versteckte Salz zu achten. Dass in Wurst und Käse viel Salz ist, wissen die Meisten sicherlich, aber selbst ein einfacher Brühwürfel aus dem Reformhaus enthält locker über 5 g Salz. Der durchschnittliche tägliche Salzkonsum eines Erwachsenen beträgt zwischen 8-10 g. Eindeutig zu viel, aber auch zu wenig ist nicht gesund. Der Magen kann nicht mehr genügend Salzsäure produzieren und der Wasserhaushalt funktioniert auch nicht mehr richtig, wenn Salz fehlt. Salz ist nötig, gesund und schmeckt. Die einzigen Dinge, die am Salz schlecht sind, ist das Zuviel und das industriell hergestellte Kochsalz. Genau das, welches im Supermarkt für unter einem Euro im Regal steht. In dem Kapitel ungewöhnliche Lebensmittel stelle ich Ihnen die Natursalze vor und erkläre den gravierenden Unterschied zum herkömmlichen Kochsalz. Jedes Salz, auch die Natursalze, bestehen aus Natriumchlorid, deswegen entsprechen 4 g Salz auch gleichzeitig dem täglichen Natriumbedarf.

Jod: Den täglichen Jodbedarf zu decken, ist nicht so einfach. Die Sango Meeres Koralle hat auf den ersten Blick viel Jod, allerdings ist die Tagesdosis sehr gering. Da diese auch nicht überschritten werden darf, ist die Koralle zwar der perfekte Calcium- und Magnesiumlieferant, aber für das komplette Jod reicht es nicht aus.

Seinen Jodbedarf mit Fischen zu decken bedeutet zum einen zu viel tierisches Eiweiß und zum anderen sind viele Fische sehr jodarm. Eine weitere Methode wäre der Verzehr von Meeresalgen. Hierbei ist es ganz wichtig darauf zu achten, wie hoch der Jodgehalt der jeweiligen Alge ist. Die Spannweite reicht nämlich von fast gar nichts bis zu so viel, dass es für einen Europäer gefährlich werden kann. Für Asiaten kein Problem, überschüssiges Jod wird bei ihnen ausgeschieden. Europäische Schilddrüsen sind darauf trainiert Jod zu sammeln, deswegen sind nicht nur die richtigen Sorten wichtig. Es kommt auch darauf an, ob sie frisch oder getrocknet sind. Getrocknete können je nach Sorte bis zu 1.100.000 µg Jod auf 100 g enthalten, das wäre bei einem Gramm Alge 11.000 µg Jod, der Bedarf für 55 Tage. Algen sind gesund ohne Frage, aber achten Sie beim Kauf auf die Jodangabe. Es gibt auch Jodtabletten, die aus getrockneten Algen bestehen. Wir haben uns für diese Methode entschieden, da wir keine Algen mögen und so auch die gleichmäßige und vor allem nicht überdosierte Jodversorgung gewährleistet ist. An dieser Stelle kann ich aus Erfahrung sagen, die Tagesdosis von 200 µg benötigen wir bei weitem nicht. Vielleicht liegt es an dem guten Jod, vielleicht ist die empfohlene Tagesmenge einfach zu hoch oder beides.

Von herkömmlichen Jodtabletten und jodiertem Speisesalz kann ich nur dringend abraten. Künstlich zugesetztes Jod wird aus Industrieabfällen gewonnen. Wieso Industrieabfälle, was hat die Industrie damit zu tun? Jod wird zur Herstellung von Röntgenkontrastmittel, Katalysatoren, Druckerfarben, Desinfektionsmittel und vieles mehr benötigt. Da die Gewinnung von Jod sehr teuer ist, wird das Jod aus den Industrieabfällen wieder recycelt und an die Salzhersteller verkauft. Dieses künstliche Jod kommt ins Salz und so ist es in vielen Lebensmitteln enthalten, die gesalzen sind. Womit wir wieder bei den versteckten Salzen wären, deswegen ist auch von der Seite her Vorsicht bei gesalzenen Lebensmitteln geboten. Dieses künstliche Jod ist für unseren Körper ein Fremdstoff, weil es so ein Jod in der Natur nicht gibt. Wie ich schon sagte, unser Körper kann zwischen natürlichem und künstlichem sehr wohl unterscheiden und während er versucht dieses Gift wieder auszuscheiden, fehlt der Schilddrüse Jod, obwohl wir dachten, wir hätten es gerade genommen. Das Jod in der Sango Meeres Koralle, in Fischen und in Algen ist das natürliche Jod, weil es aus der Natur kommt und so kann es der Körper auch verwerten.

Essentielle Stoffe – Fettsäuren

Ich möchte Ihnen in diesem Kapitel einen Überblick über die verschiedenen Fettsäuren geben die es gibt und nicht nur über die essentiellen. Es ist zum einen sehr wichtig die essentiellen Fettsäuren zu sich zu nehmen, zum anderen aber auch aus den anderen Fettsäuren die richtigen und somit gesunden auszuwählen.

Alle Öle und Fette, die der Mensch mit der Nahrung zu sich nimmt, bestehen aus drei unterschiedlichen Fettsäurearten:

- gesättigte Fettsäuren (nicht essentiell)
- einfach ungesättigte Fettsäuren (Omega 9 nicht essentiell)
- mehrfach ungesättigte Fettsäuren (Omega 3 + Omega 6 essentiell)

Die gesättigten Fettsäuren finden sich überwiegend in Fetten tierischen Ursprungs wie Fleisch- und Wurstwaren und Milch- und Milchprodukten. Die pflanzliche Ausnahme bilden das Kokos- und das Palmkernöl.

Die einfach ungesättigten Fettsäuren sind pflanzlichen Ursprungs und finden sich in Pflanzenölen, Nüssen und Samen.

Die mehrfach ungesättigten Fettsäuren stammen auch von Pflanzenölen, Nüssen und Samen, aber auch von fettreichen Fischen.

Der Unterschied zwischen den Begriffen Fett und Öl ist schnell erklärt. Wird ein Fett bei Zimmertemperatur flüssig, wird es als Öl bezeichnet.

Nun zu den zwei essentiellen Fettsäuren für den Menschen:

- Linolensäure (eine Omega-3-Fettsäure)
- Linolsäure (eine Omega-6-Fettsäure)

Wichtig ist dabei das richtige Verhältnis von Omega 6 zu Omega 3, da ein Übermaß an Omega 6 die Verarbeitung von Omega 3 verhindert. Auch umgekehrt könnte diese hemmende Wirkung eintreten, allerdings kommen die Omega-6-Fettsäuren bedeutend häufiger in der Nahrung vor als die Omega-3-Fettsäuren.

Das richtige Verhältnis ist 2: 1 bis 5: 1. Das bedeutet 2 bis 5 Teile Omega 6 zu einem Teil Omega 3. In der Muttermilch liegt das Verhältnis bei 2: 1 bis 1: 1. In der heutigen Ernährung allerdings ist dieses Verhältnis bei den meisten extrem verschoben. Dieses Ungleichgewicht bewirkt einen Anstieg entzündungsauslösender Stoffe im Körper, welches zwangsläufig zur Entstehung von Krankheiten führt.

Das Omega-Verhältnis in Fischen ist sehr unterschiedlich und differenziert je nach Fischart. Häufig überwiegen aber die Omega-3-Fettsäuren, welches für die heutige Ernährung von Vorteil ist. Allerdings im Vergleich, nur ein einziger EL Leinöl hat genauso viel Omega-3 wie 100g Tunfisch, und der ist Omega-3-Spitzenreiter.

Hier nun einige Beispiele von gängigen Ölen:

Ölsorte	**Omega-6**	**Omega-3**	**Ungesund**	**Gesund**
Distelöl	150	1	•	
Sonnenblumenöl	120	1	•	
Maiskeimöl	52	1	•	
Olivenöl	9	1		•
Walnussöl	4	1		•
Hanföl	3	1		•
Rapsöl	2	1	•	
Leinöl	1	4		•

Die ersten 3 Öle sind aufgrund ihres schlechten Omega-Verhältnisses natürlich ungesund, auch wenn sie in manchen Zeitschriften oder im Internet als gesund angepriesen werden mit der Begründung, sie enthalten viel Vitamin E. Dies enthalten gesunde Öle auch. Der absolute Vitamin E Spitzenreiter ist das Hanföl, welches obendrein das beste aller Öle ist. Ein guter Esslöffel täglich reicht aus und mit den richtigen Omegas ist man auch noch bestens versorgt.

Rapsöl habe ich auch als ungesund bezeichnet, obwohl das Omega-Verhältnis perfekt ist. Kaltgepresstes Rapsöl ist selbstverständlich gesund. Die meisten Rapsöle sind jedoch raffiniert, d.h. durch Heißpressung gewonnen und desodoriert (Geruchs- und Geschmacksstoffe entzogen). Bei dieser Art der Herstellung kommen sehr hohe Temperaturen zum Einsatz. Die Folge ist, dass bei der Herstellung von raffiniertem Rapsöl die gefährlichen Transfettsäuren entstehen, die krebserregende Stoffe enthalten. Natürlich würde das auch mit den anderen Ölen passieren, wenn diese raffiniert wären. Es ist nur so, dass bei Olivenöl, Walnussöl, Hanföl und Leinöl zum einen die meisten wissen, dass das kaltgepresste Öle sind. Zum anderen steht auf diesen Ölen immer nativ (kaltgepresst = nicht raffiniert) drauf, während es für heißgepresst (raffiniert) keine Kennzeichnungspflicht gibt. Wenn Sie also ein Rapsöl haben wo nichts draufsteht, können Sie davon ausgehen, dass es heißgepresst und somit ungesund ist.

Das Omega-6- zu Omega-3-Verhältnis sollte 2:1 bis 5:1 sein!

Und nun noch einmal zu den Transfettsäuren. Diese entstehen immer dann, wenn ein Fett zu hoch erhitzt wird. Dabei spielt es keine Rolle, ob es zu Hause in der Küche beim Braten passiert oder bereits bei der Herstellung. Zu Hause kann man selber darauf achten. Wenn es anfängt in der Pfanne zu qualmen, ist das Fett zu heiß und die Transfettsäuren entstehen. Deswegen ist es wichtig, das richtige Öl mit einem hohen Rauchpunkt zum Braten zu haben. Hierfür eignet sich aus dieser Tabelle das Olivenöl. Trotzdem dass es kaltgepresst ist, hat es einen Rauchpunkt von 180 °C, welches ein sehr hoher Wert ist und zum Braten völlig ausreicht. Natürlich eignen sich auch ganz prima zum Braten Kokosöl und Ghee. Diese beiden Fette stehen außerdem auf der Gesundheitsskala ganz weit oben, aber dazu gleich mehr.

Grundsätzlich sollte jedes Öl, das sie verzehren, kaltgepresst sein und nach dem schmecken, was es ist. Kokosöl sollte nach Kokos riechen und schmecken, Olivenöl nach Olive und Hanföl nach Hanf. Ist ein Öl geschmacksneutral wurde es hohen Temperaturen unterzogen und was diese bewirken, wissen Sie. Eine Ausnahme bildet hier Kokosfett das schonend desodoriert wurde und deshalb keine Transfettsäuren enthält. Es muss von guter Qualität und Bio sein, also nicht diese Kokos-Fettblöcke, die es im Supermarkt gibt. Die wurden unter anderen Bedingungen hergestellt. Noch einmal zum Verständnis, Kokosöl ist kaltgepresst und Kokosfett ist heißgepresst. Kokosöl ist übrigens von Natur aus hoch erhitzbar und selbst kaltgepresstes hat einen Rauchpunkt von 200-230 °C.

Ein besonderes Augenmerk möchte ich noch auf das Leinöl richten. Das Verhältnis von Omega-6-Fettsäuren zu Omega-3-Fettsäuren ist 1: 4, also 1 Teil Omega-6 und 4 Teile Omega-3. Dieses außergewöhnliche Verhältnis ist absolut einmalig und bringt ein tolles Gleichgewicht in die Ernährung, da die Omega-6-Fettsäuren sonst immer in der Überzahl sind und meistens in zu großer Überzahl. Mit Leinöl lässt sich somit prima ein Ausgleich schaffen, deswegen beinhalten meine Salatrezepte immer Leinöl.

Was bewirken denn nun Omega-3-Fettsäuren im Körper? Sie sind ein wahres Multitalent für den Organismus. Omega-3-Fettsäuren senken die Blutfettwerte (Triglyceride), senken den Blutdruck, verbessern die Fließeigenschaften des Blutes, beugen Thrombosen vor, reduzieren den Blutzuckerspiegel, lindern Entzündungen, verbessern die Schlafeigenschaften, verbessern die Denkleistung und beugen Demenz vor.

Und nun zu den Omega-6-Fettsäuren, die zwar lebensnotwendig sind, aber auch Nachteile für den Körper bringen. So senken sie z.B. das schlechte LDL-Cholesterin, aber auch gleichzeitig das gute HDL-Cholesterin. Sie produzieren freie Radikale zur Abwehr schädlicher Substanzen, fördern dadurch aber entzündliche Prozesse im Körper und wirken gefäßverengend. Omega-6-Fettsäuren sind an Wachstums- und Reparaturprozessen beteiligt, tragen zum Energie- und Sauerstoffhaushalt bei und sind wichtig für das Herz und die Haut.

Jetzt möchte ich Sie noch über die gesättigten und ungesättigten Fettsäuren aufklären. Es wird immer behauptet, die gesättigten Fettsäuren sind die ungesunden und die ungesättigten sind die gesunden. Das ist nicht richtig. Öle sind ungesättigte Fettsäuren und wie sie gesehen haben kommt es auf das richtige Omega-Verhältnis an, ansonsten lösen die ungesättigten Fettsäuren Entzündungen im Körper aus. Gesättigte Fettsäuren hingegen stehen im Verdacht den Cholesterinspiegel zu erhöhen. Das tun sie auch, aber sie erhöhen auch das gute Cholesterin und verbessern damit den Cholesterinquotienten. Der Cholesterinquotient ist das Verhältnis zwischen dem guten und dem schlechten Cholesterin. Je besser der Quotient ist, desto besser ist man vor koronaren Herzproblemen geschützt, wie Angina pectoris oder Herzinfarkt. Obendrein senken gesättigte Fettsäuren die Blutfettwerte, die sogenannten Triglyceride. Bei erhöhten Triglyceriden besteht ein Gesundheitsrisiko für Herz und Gefäße.

Gesättigte Fettsäuren sind nicht ungesund und nur die richtigen Ungesättigten sind gesund!

Jetzt möchte ich Ihnen erst einmal das Kokosöl vorstellen. Es besteht fast ausschließlich aus gesättigten Fettsäuren, genauer gesagt zu über 90 %. Und jetzt kommt das Besondere an diesem Öl. Kokosöl ist das einzige natürliche Öl was es gibt, welches zu über 50 % aus mittelkettigen Fettsäuren besteht. Mittelkettige Fettsäuren sind wasserlöslich und können ohne Gallensäure verdaut werden. Der Körper nutzt diese leicht verdaulichen Fette nicht zur Einlagerung in die Fettdepots, sondern zur Energiegewinnung. Da mittelkettige Fettsäuren obendrein weniger Kalorien haben wie andere Fettsäuren, nimmt man vom Kokosöl nicht zu. Ganz im Gegenteil, es soll sogar das Abnehmen fördern. Kokosöl wirkt sich positiv auf den Cholesterinspiegel, das Herz und die Blutgefäße aus. Es ist nicht nur hilfreich gegen Demenz, sondern wird auch erfolgreich in Krebstherapien eingesetzt. Kokosöl kann bei Pilzinfektionen aller Art innerlich und äußerlich eingesetzt werden und wirkt auch gegen Viren und Bakterien.

Das zweite gesundheitliche Superfett ist das Ghee. Bei der Herstellung von Ghee wird Butter bei Temperaturen von über 100 Grad entwässert und das Milcheiweiß und der Milchzucker entfernt. Ghee lässt sich unproblematisch selber herstellen und die passende Anleitung finden Sie bei den Rezepten. Häufig wird Ghee mit geklärter Butter gleichgesetzt. Bei geklärter Butter hingegen wird nur das Milcheiweiß und der Milchzucker entfernt, das Wasser bleibt enthalten. Und nun zu der positiven Wirkung von Ghee. Zum einen bildet Ghee im Gegensatz zu allen anderen Fetten keine freien Radikalen (zellschädigende Moleküle) und kann die Entzündungswerte im Körper verringern. Außerdem wirkt es sich positiv auf den Cholesterinspiegel und die Blutfettwerte aus. In der ayurvedischen (indischen) Heilkunst ist das Ghee schon lange ein wichtiges Heilmittel. Laut Ayurveda soll Ghee unter anderem den Körper entgiften, den Stoffwechsel anregen, das Immunsystem unterstützen, die Verdauungsfunktion regenerieren, das Blut reinigen, den Hormonhaushalt in Einklang bringen, die Konzentration fördern, Zellen regenerieren und verjüngen und noch einiges mehr. Ghee ist im Übrigen sehr hoch erhitzbar und gibt dem Bratgut einen leckeren Buttergeschmack. Selbst für Menschen mit Laktoseintoleranz ist Ghee geeignet, da es keinen Milchzucker mehr enthält.

Und nun gilt noch die Frage zu klären Butter oder Margarine? Aus ethischer Sicht ist die Frage natürlich schnell beantwortet, denn die Milchkuhhaltung ist alles andere als tierfreundlich. Ich möchte die Frage aber auch in Bezug auf den gesundheitlichen Aspekt klären. Butter wird oft aus dem Grund verteufelt, weil sie zu viele gesättigte Fettsäuren enthält. Wie Sie jetzt wissen, sind diese nicht schädlich, sondern verbessern den Cholesterinquotienten und senken die Blutfettwerte. Butter besteht auch nur zu 50% aus gesättigten Fettsäuren, wovon 10% die mittelkettigen sind, also die leicht verdaulichen. Weitere 25% machen die ungesättigten Fettsäuren aus und nochmal 3% für mehrfach ungesättigte Fettsäuren. Die restlichen Bestandteile sind Wasser, Milcheiweiß, Milchzucker, Milchsäure, Mineralstoffe, Vitamine, Cholesterin und Aromastoffe. Kommen wir nun zur Margarine. Margarine ist eigentlich ein pflanzliches Produkt und besteht somit aus ungesättigten Fettsäuren. Diese sind nun einmal nicht automatisch gesund, sondern können das genaue Gegenteil sein. Schaut man sich die Inhaltsstoffe an, stellt man fest, dass bei vielen Margarinen lediglich Pflanzenöle als Zutat steht, aber nicht welche. Oder die Öle sind aufgeführt, aber es steht in veränderlichen Gewichtsanteilen dabei.

Auch damit lässt sich nichts anfangen. Viele Margarinen enthalten auch tierische Bestandteile wie Molkenerzeugnisse oder entrahmte Milch. Butter darf nur Milchfett enthalten, während Margarine aus unterschiedlichen Fetten und Zusatzstoffen zusammengemischt werden darf. Eine wirklich gute Margarine aus dem Reformhaus mit klar definierten Inhaltsstoffen ist völlig in Ordnung. Von allen anderen sollte man aber die Finger lassen. Im Übrigen muss Butter genauso von guter Qualität sein und für beides gilt, nicht im Übermaß verzehren.

Fazit

1. **Hanföl:** perfektes Omega-6- zu Omega-3-Verhältnis; Vitamin E Spitzenreiter mit 80 mg auf 100 ml; nussige Kräuternote; für kalte Speisen und Salate; nicht zum Braten geeignet
2. **Leinöl:** absoluter Omega-3-Spitzenreiter; gesundheitsfördernd von A bis Z; nussige Note; für kalte Speisen und Salate; nicht zum Braten geeignet
3. **Olivenöl:** senkt nur das schlechte LDL-Cholesterin und nicht das gute HDL-Cholesterin; hat positiven Einfluss auf fast 100 Gene; fruchtige, leicht bittere Note; für kalte und warme Speisen und Salate; zum Braten geeignet
4. **Kokosöl:** leicht verdaulich; gesundheitsfördernd von A bis Z; milder Kokosgeschmack; für warme Speisen und zum Backen; hoch erhitzbar
5. **Ghee:** gesundheitsfördernd von A bis Z; feiner Buttergeschmack; für warme Speisen; hoch erhitzbar
6. **Kokosfett:** geschmacksneutral; für warme Speisen, zum Backen und Frittieren; hoch erhitzbar

Der Tagesbedarf von Omega-3-Fettsäuren liegt bei ca. 250 mg und bei Omega-6-Fettsäuren bei ca. 750 mg. Um die Omega-6-Fettsäuren braucht sich im Normalfall keiner zu sorgen, da diese überall in der Nahrung enthalten sind. Die Omega-3 sind das Sorgenkind, jedoch bei einer regelmäßigen Verwendung von Hanföl und /oder Leinöl müssen Sie sich auch darüber keine Gedanken machen. Ein einziger Esslöffel Leinöl enthält 5.500 mg Omega-3-Fettsäuren.

Der Tagesbedarf an Fett insgesamt beträgt laut Deutsche Gesellschaft für Ernährung 30 % der täglichen Energiezufuhr. Beispiel: 2000 Kilokalorien täglich mal 30 % = 600-mal Faktor 0,11 = 66 g Fett täglich.

Essentielle Stoffe – Aminosäuren

Aminosäuren sind die Bausteine der Proteine oder anders gesagt, ein Protein ist ein biologisches Molekül, welches aus Aminosäuren aufgebaut ist. Proteine, auch Eiweiße genannt, zählen zu den wichtigsten Grundbausteinen sämtlicher Zellen unseres Körpers. Ohne Eiweiß wäre kein Leben möglich.

Die Aufgaben der Proteine sind vielfältig. So sorgen zum Beispiel Strukturproteine für schöne Haut, Haare, Nägel und Bindegewebe und Schutzproteine für die Bildung von Antikörpern. Kontraktile Proteine machen es möglich, dass wir uns überhaupt bewegen können und Transportproteine transportieren verschiedene Substanzen im Körper wie zum Beispiel Sauerstoff. Bekannte Proteine sind unter anderem Kollagen, Keratin und Hämoglobin. Auch viele Hormone sind Proteine, wovon eines jeder kennt, das Insulin. Es liest sich auch immer wieder der Mensch braucht Enzyme, ohne die geht es nicht. Das stimmt auch, und was sind fast alle Enzyme? Proteine.

Für den erwachsenen Menschen sind 8 Aminosäuren essentiell, also müssen über die Nahrung zugeführt werden. Die weiteren 12 Aminosäuren, die für den Körper ebenfalls lebensnotwendig sind, produziert er selber, somit sind sie nicht essentiell. Eine Ausnahme gibt es bei Kindern und Schwangeren, da für sie 10 Aminosäuren essentiell sind (von den 12 nicht essentiellen werden 2 essentiell).

Obwohl die Namen der 8 essentiellen Aminosäuren gewöhnungsbedürftig sind, möchte ich Sie Ihnen dennoch nicht vorenthalten:

1. Isoleucin
2. Leucin
3. Lysin
4. Methionin
5. Phenylalanin
6. Threonin
7. Tryptophan
8. Valin

Damit eine Zelle sehr schnell Proteine herstellen kann, müssen alle essentiellen und nicht essentiellen Aminosäuren ausreichend vorhanden sein. Und damit kommen wir zur täglichen Eiweißzufuhr.

Der tägliche Eiweißbedarf lässt sich anhand einer Formel ganz leicht ausrechnen. Der Grundbedarf eines Erwachsenen beträgt 0,8 g Eiweiß pro kg Körpergewicht. Für Schwangere ab dem 4. Monat und Stillende erhöht sich der Tagesbedarf um 10-15 g. Für Sportler oder auch bei starker körperlicher Anstrengung lautet die Formel 1,2-1,6 g Eiweiß pro kg Körpergewicht.

Nun ist Eiweiß nicht gleich Eiweiß, denn es gibt sowohl tierisches wie auch pflanzliches. Wichtig bei der täglichen Ernährung ist ein natürliches und vor allem gut verdauliches Protein. Pflanzliches Eiweiß ist bis zu 40 Mal schneller verdaulich und bis zu 10 Mal besser für den Körper verwertbar als tierisches aus Fleisch, Geflügel und Fisch. Zudem haben tierische Eiweiße einen sehr hohen Gehalt an Purinsäure (Harnsäure), die für die Übersäuerung des Körpers stark mitverantwortlich ist. Um die Aminosäuren aus einem Stück Fleisch zu erhalten, benötigt der Körper bis zu 4 Stunden, während es beim pflanzlichen Eiweiß gerade einmal 30-40 Minuten dauert. Tierisches Eiweiß fängt im Darm an zu faulen, weil der Körper es nur ungenügend in seine Bestandteile zerlegt. Beim pflanzlichen Eiweiß sieht die Sache anders aus, da der Körper Pflanzenproteine fast immer komplett zu Eiweißbausteinen zersetzen kann.

Sie sehen, selbst beim Thema Eiweiß läuft alles auf das Pflanzliche hinaus. Pflanzliche Nahrung bietet obendrein für den Menschen 90 % verwertbare Substanzen, beim Fleisch sind es gerade einmal 50 %. Im Übrigen ist das Eiweiß von Fischen grundsätzlich leichter verdaulich als Fleischeiweiß. Dennoch sollte man wissen, dass nur ein rundherum gesunder Darm überhaupt in der Lage ist, kleine Mengen tierisches Eiweiß zu verwerten. Für einen kranken Darm, wie es leider bei sehr vielen Menschen der Fall ist, ist dieses jedes Mal eine Katastrophe.

So wichtig nun die tägliche Eiweißzufuhr in ausreichender Menge ist, genauso wichtig ist es auch, nicht zu viel Eiweiß zu essen. Eiweiß in zu hohen Mengen ist für den Körper schädlich, auch pflanzliches. Warum das so ist, lässt sich schnell beantworten. Eiweiße sind säurebildend, auch die pflanzlichen, eine Ausnahme bildet hier das Lupinenprotein. Jedoch nicht nur das Säurebildendende ist das

Problem. Ein zu viel an Eiweiß muss die Leber irgendwie verarbeiten. Das führt zu einer Umwandlung von Eiweiß in Glucose und einen damit verbundenen Anstieg des Blutzuckerspiegels. Was die Leber nicht mehr schafft zu verarbeiten, wird im Bindegewebe und in den Wänden der Blutgefäße eingelagert. Im Übrigen ist das Bindegewebe kein nutzloses Füllwerk, denn es hat die Aufgabe, Schadstoffe auszuleiten und die Zellen mit Sauerstoff und Nährstoffen zu versorgen. Und weder die Blutgefäße noch das Bindegewebe können ihre Aufgaben richtig erfüllen, wenn es mit Einlagerungen belastet ist.

Das Lupinenprotein ist das einzige Eiweiß mit einem vollständigen Aminosäureprofil, welches basisch ist. In dem Kapitel ungewöhnliche Lebensmittel habe ich dieses Protein ausführlich beschrieben. Ansonsten sind gute pflanzliche Eiweißquellen Getreideprodukte, Pseudogetreide, Reis, Hülsenfrüchte, Mais, Saaten, Nüsse und hochwertige Proteinpulver wie Hanf-, Erbsen- oder Reisprotein. Eine Eiweißtabelle würde hier wenig Sinn machen, da der Eiweißgehalt auf Lebensmitteln immer angegeben ist.

Eine Sache wäre noch wichtig zu erwähnen, und zwar „die biologische Wertigkeit". Die biologische Wertigkeit gibt an, wieviel Gramm körpereigenes Eiweiß aus 100 g Nahrungseiweiß gebildet werden kann. Die Höhe der biologischen Wertigkeit hängt von der Menge und dem Verhältnis der essentiellen Aminosäuren ab.

<u>Beispiel</u>: Bohnen haben eine biologische Wertigkeit von 72. Kidneybohnen haben 24 g Eiweiß auf 100 g. Würde man 100 g Bohnen essen, könnte der Körper nicht 24 g Eiweiß herstellen, sondern nur 17,28 g. Rechenweg: 24: 100 x 72 = 17,28.

Sie müssen sich davon aber nicht irremachen lassen. Wichtig ist es, einfach verschiedene Eiweißquellen zu haben, damit sich diese gut ergänzen können. Bei einem Nahrungsmittel ist die eine Aminosäure gar nicht oder nur wenig vorhanden, dafür bei dem anderen umso mehr. Ich werde Ihnen bei den ungewöhnlichen Lebensmitteln auch die Hanfsamen vorstellen, die genauso wie das Lupineneiweiß ein Alleinprotein sind. Diese beiden Proteine brauchen kein Ergänzendes, denn sie enthalten alle acht essentiellen Aminosäuren und ergänzen somit automatisch alle anderen Lebensmittel.

Und damit folgt jetzt das letzte Kapitel essentielle Stoffe.

Essentielle Stoffe – Vitamine

Im Gegensatz zu den Fett- und Aminosäuren sind Vitamine keine Energieträger, werden aber für andere lebenswichtige Funktionen benötigt. Fast alle Vitamine sind essentiell und müssen mit der Nahrung aufgenommen werden. Die einzigen Ausnahmen sind das Vitamin B3 und das Vitamin D.

Vitamin B3 (Niacin) kann der Körper aus der essentiellen Aminosäure Tryptophan herstellen.

Das Vitamin D kann der Körper durch UV-Strahlung selbst herstellen. In unseren Breitengraden allerdings ist das nur von April bis September möglich, zumindest beim Sonnenlicht. Im Sonnenstudio geht es natürlich das ganze Jahr über. Wichtig hierbei ist, dass kein Sonnenschutzmittel benutzt wird. Oberflächlich betrachtet widerspricht das selbstverständlich dem ungeschützten Aussetzen von UV-Strahlen. Die Zeit, die der Körper für die Vitamin D Produktion benötigt ist aber so kurz, dass die betreffende Person noch einmal genauso lange in der Sonne sein müsste um rot zu werden. Und damit wären wir beim Hauttyp. Dunkelhäutige Menschen können und müssen vor allem auch länger in der Sonne bleiben als hellhäutige. Bei ihnen setzt die Vitamin D Produktion erst viel später ein. Deswegen lässt sich sagen, wer sich nach seiner Haut richtet, liegt richtig. Wird jemand nach zwanzig Minuten rot, hat er nach zehn Minuten genug Vitamin D produziert. Wird jemand erst nach zwei Stunden rot, muss er eine Stunde in der Sonne bleiben, denn erst dann hat die Haut genügend Vitamin D gebildet. Entscheidend ist natürlich auch, wie stark die Sonne scheint, die Tageszeit (mittags wird mehr als morgens und abends produziert) und auf wieviel unbedeckte Haut die Sonne scheinen kann. Jedenfalls kann die Haut bei einem „Sonnenbad“ zwischen 100-500 µg Vitamin D produzieren. Die deutsche Gesellschaft für Ernährung gibt einen Tagesbedarf von 20 µg an. Experten belegen aber immer häufiger, dass diese Angabe viel zu niedrig ist und 10 Mal höher sein müsste. Da das Vitamin fettlöslich ist, kann es der Körper speichern. So kann man in den Wintermonaten von den „Sonnenbädern“ zehren, denn mit der Nahrung lässt sich der Bedarf nicht decken. Wer keine Gelegenheit für Sonnenbäder hat, kann stattdessen Pilze in der Sonne trocken und die im Winter essen. Kein Witz! Die Pilze machen genau das Gleiche wie die Haut. Es gibt übrigens noch Apotheker, die Lebertran für den Vitamin D Mangel im Winter empfehlen. Blöd nur, dass man sich gleichzeitig mit Vitamin A überdosiert, wenn man mit Lebertran sein Vitamin D Bedarf decken will. Und da Vitamin A fettlöslich ist und in der Leber gespeichert wird, können Überdosierungen zu Vergiftungen führen.

Beim Vitamin A gibt es auch das sogenannte Provitamin A, auch Beta-Carotin genannt. Vitamin A stammt von tierischer Nahrung (z.B. Lebertran) und Provitamin A von pflanzlicher. Aus dem Provitamin stellt der Körper selber Vitamin A her und zwar in der Menge, die er benötigt. Deswegen kann das Provitamin auch nicht überdosiert werden, denn unser Körper ist nicht dumm. Von alleine schädigt er sich nicht, da müssen wir schon nachhelfen.

Ansonsten ist der Mensch nicht in der Lage Vitamine selbst herzustellen, wie zum Beispiel Pflanzen es können. Da es sich bei Vitaminen um organische Moleküle handelt, können Sie nur dort existieren, wo auch Leben existiert.

Ich habe nachfolgend eine Tabelle für Sie mit dem täglichen Bedarf an Vitaminen erstellt. Der Bedarf ist für Erwachsene und differenziert je nach Geschlecht, Gewicht und Alter. Kinder, Jugendliche, Schwangere und Stillende haben oftmals einen anderen Tagesbedarf.

Des Weiteren beinhaltet meine Tabelle auch die Wirkung im Körper, wobei ich jeweils nur die Wichtigsten aufgeführt habe. Hätte ich bei jedem Vitamin die vielen positiven Eigenschaften notiert, hätte ich keine übersichtliche Tabelle mehr gestalten können. Genauso verhält es sich mit dem Vorkommen in Lebensmitteln. Ich habe viele Highlights notiert, die selbstverständlich auch wieder im Einklang mit der überwiegend basischen Ernährung mit guten Säurebildnern stehen.

Vitamin	**Tagesbedarf**	**Wirkung im Körper**	**Hauptvorkommen**
A (Retinol) Fettlöslich Licht-empfindlich	0,8 – 1,0 mg	Zellwachstum, Immunsystem, Erneuerung der Haut, Sehkraft	Möhren, Honig-melone, Grünkohl, Spinat, Blattsalat, Sahne, Ei, Gemüse

B1 (Thiamin) Wasserlöslich Hitze-empfindlich	1,0 – 1,3 mg	Nervensystem, Energiestoffwechsel, Schilddrüsen-funktion	Hanfsamen*, Öl-saaten, Hafer-flocken, Hülsen-früchte, Reis, Nüsse
B2 (Riboflavin) Wasserlöslich	1,0 – 1,4 mg	Energiestoffwechsel, Augen, Nägel, Haut, Schleimhaut, Sauerstofftransport	Hanfsamen*, Weizengraspulver*, Mandeln, Pilze, Ei, Fisch, Hirse
B3 (Niacin) Wasserlöslich	11 – 17 mg	Energiegewinnung aus Kohlenhydraten, Fett und Eiweiß; Haut, Nägel	Erdnüsse, Pilze, Reis, Mandeln, Fisch, Ölsaaten, Hülsenfrüchte
B5 (Panto-thensäure) Wasserlöslich Hitzeempfdl.	6 mg	Stärkt Immunsystem, Haarausfall, Energie-stoffwechsel	Butter, Pilze, Reis, Hülsenfrüchte, Ei, Wassermelone, Nüsse, Brokkoli
B6 (Pyridoxin) Wasserlöslich Hitze- und Lichtempfindl.	1,2 – 1,5 mg	Eiweißverdauung, schützt vor Nerven- und Leberschädigung	Hirse, Hanfsamen*, Fisch, Nüsse, Hülsenfrüchte, Bananen, Reis
B7 (Biotin) Wasserlöslich	30 – 60 µg	Stoffwechsel, Haare, Blutgerinnung, Entgiftung	Erdnüsse, Ei, Hafer-flocken, Erbsen, Reis, Vollkornmehl
B9 (Folsäure) Wasserlöslich Hitze- und Lichtempfindl.	300 µg	Zellteilung, Eiweiß-stoffwechsel, Gewebeaufbau, Haut	Weizengraspulver*, Grünkohl, Hülsen-früchte, Gemüse, Haferflocken, Ei
B12 (Cobalamin) Wasserlöslich	3 µg	Nerven, Haut, Bildung von roten Blutkörperchen	Chlorella Alge, Fisch, Ei
C (Ascorbin-säure) Wasserlöslich	95 – 110 mg	Immunsystem, aktiviert Enzyme, fängt freie Radikale, stabilisiert Psyche	Gemüse, Obst

D (Calciferol) Fettlöslich Licht-empfindlich	20 µg (lt. Experten 200 µg)	regelt Calcium- und Phosphat-Haushalt, Knochenaufbau	durch Ernährung unmöglich! Sonnenvitamin!
E (Tocopherole) Fettlöslich	11- 15 mg	Immunsystem, Zellerneuerung, Entzündungs-hemmend	Hanföl, Mandeln, Haselnüsse, Olivenöl, Hanf-samen*, Leinöl
K (Phyllo-chinone) Fettlöslich	60 – 80 µg	Blutgerinnung, Verdauung, reguliert Calcium-spiegel	Grünkohl, Spinat, Rosenkohl, Weizengraspulver*, Brokkoli, Linsen

*Erklärung bei den ungewöhnlichen Lebensmitteln

Als nächstes habe ich Ihnen die Lebensmittel aus der Tabelle und noch weitere mit dem genauen Vitamingehalt, der sich immer auf 100 g bezieht, aufgeführt. Neben dem Vitamin steht noch einmal der Tagesbedarf. Sie kennen das ja bereits aus der anderen Tabelle, steht zum Beispiel nur Gemüse, Hülsenfrüchte oder Pilze bedeutet das immer, dass ich einen Durchschnitt von der jeweiligen Kategorie errechnet habe, wobei auch hier die Highlights nicht mit in die Berechnung eingeflossen sind, um den Durchschnitt nicht zu verfälschen.

Vitamin A (Retinol) 0,8 - 1,0 mg

Möhren 1,57 mg / Grünkohl 0,86 mg / Honigmelone 0,78 mg / Spinat 0,78 mg / Butter 0,65 mg / Blattsalat 0,45 mg / Sahne 0,27 mg / Aprikosen 0,26 mg /Ei 0,19 mg / Gemüse 0,12 mg / Makrele 0,1 mg

Vitamin B1 (Thiamin) 1,0 - 1,3 mg

Sonnenblumenkerne 1,9 mg / Hanfsamen 1,7 mg / Sesam 0,9 mg / Mohn 0,9 mg / Haferflocken 0,65 mg / Hülsenfrüchte 0,57 mg / Hirse 0,43 mg / Reis 0,41 mg / Nüsse 0,3 mg / Kartoffeln 0,1 mg

Vitamin B2 (Riboflavin) 1,0 - 1,4 mg

Hanfsamen 1,1 mg / Weizengraspulver 1,1 mg / Mandeln 0,6 mg / Steinpilze 0,37 mg / Ei 0,35 mg / Pfifferlinge 0,23 mg / Fisch 0,2 mg / Haferflocken 0,15 mg / Hirse 0,1 mg

Vitamin B 3 (Niacin) 11 - 17 mg

Erdnüsse 15,3 mg / Pilze 5,35 mg / Reis 5,2 mg / Sesam 5,0 / Mandeln 4,2 mg / Fisch 4,0 mg / Hanfsamen 2,5 mg / Hülsenfrüchte 2,35 mg / Hirse 1,8 mg / Kartoffeln 1,2 mg / Bananen 0,7 mg / Gemüse 0,6 mg / Obst 0,3 mg

Vitamin B5 (Pantothensäure) 6 mg

Butter 47,0 mg / Pilze 2,35 mg / Reis 1,7 mg / Hülsenfrüchte 1,62 mg / Ei 1,6 mg / Wassermelone 1,6 mg / Nüsse 1,29 mg / Brokkoli 1,29 / Haferflocken 1,09 mg / Lachs 1,02 mg / Hirse 1,0 mg

Vitamin B6 (Pyridoxin) 1,2 - 1,5 mg

Hirse 0,75 mg / Hanfsamen 0,7 mg / Fisch 0,5 mg / Nüsse 0,45 mg / Hülsenfrüchte 0,4 mg / Bananen 0,37 mg / Kartoffeln 0,3 mg / Reis 0,28 mg / Gemüse 0,2 mg

Vitamin B 7 (Biotin) 30 - 60 µg

Erdnüsse 34,0 µg / Ei 25,0 µg / Weizengraspulver 24,0 µg / Haferflocken 20,0 µg / Erbsen 19,0 µg / Reis 12,0 µg / Vollkornmehl 8,3 µg / Hirse 6,0 µg / Bananen 5,5 µg / Fisch 4,5 µg / Erdbeeren 4,0 µg / Gemüse 3,0 µg

Vitamin B 9 (Folsäure) 300 µg

Weizengraspulver 859,0 µg / Grünkohl 187,0 µg / Hülsenfrüchte 170,0 µg / Gemüse 100,0 µg / Haferflocken 87,0 µg / Ei 67,0 µg / Erdbeeren 65,0 µg / Obst 20,0 µg / Hirse 12,0 µg

Vitamin B 12 (Cobalamin) 3 µg

Chlorella Alge 100,0 µg / Fisch 6,0 µg / Ei 1,86 µg

Vitamin C (Ascorbinsäure) 95 - 110 mg

Johannisbeeren 189,0 mg / Paprika 139,5 mg / Brokkoli 116,0 mg / Kiwi 71,0 mg / Erdbeeren 63,5 mg / Gemüse 60,0 mg / Obst 30,0 mg

Vitamin E (Tocopherole) 11 - 15 mg

Hanföl 80,0 mg / Mandeln 26,0 mg / Haselnüsse 26,0 mg / Olivenöl 12,0 mg / Hanfsamen 5,1 mg / Leinöl 5,8 mg / Fisch 1,0 mg / Gemüse 0,8 mg / Ei 0,8 mg / Obst 0,6 mg / Hirse 0,41 mg

Vitamin K (Phyllochinone) 60 - 80 µg

Grünkohl 817,0 µg / Spinat 305,0 µg / Rosenkohl 236,0 µg / Weizengraspulver 188,0 µg / Brokkoli 155,0 µg / Linsen 123,0 µg / Kopfsalat 109,0 µg / Haferflocken 63,0 µg / Kiwi 33,0 µg / Gemüse 10,0 µg / Obst 4,0 µg

Vitamin B 12 gehört zu den Vitaminen bei denen es schwierig ist, den Tagesbedarf zu decken. Da der Körper nur einen kleinen Teil auf einmal aufnehmen kann ist es obendrein wichtig, das Vitamin über den Tag verteilt zu sich zu nehmen. Und da wird es mit herkömmlichen Lebensmitteln erst recht schwierig. Eine sehr gute Vitamin B12-Quelle ist die Chlorella Alge, die nachweislich die einzige Alge ist, die das echte Vitamin B12 und nicht das Analoga enthält. Vitamin B12-Analoga sind Moleküle, die dem echten Vitamin B12 chemisch sehr ähnlich sind, aber keine Vitaminwirkung im Körper entfalten. So werden viele Algen als B12-Quellen angepriesen, die in Wirklichkeit keine sind. Da auch bei der Chlorella Alge das Vitamin nicht von der Alge produziert wird, sondern von Mikroorganismen die auf der Alge oder im Boden leben, ist die Herkunft und Qualität äußerst wichtig. Deshalb ist in diesem Fall alternativ eine Versorgung mit Vitamin B12-Präparaten denkbar, aber nur, wenn diese auch die natürlichen Vitamin B12-Formen enthalten und nicht synthetische. Für alle, die sich Präparate kaufen möchten: Methylcobalamin, Adenosylcobalamin und Hydroxocobalamin sind die natürlichen Formen und Cyanocobalamin ist die synthetische Form. Die Chlorella Alge gibt es zum Beispiel als getrocknete kleine grüne Pillen und der Jodanteil in dieser Alge ist sehr gering, so dass es nicht gleichzeitig zu einer Überdosierung mit Jod kommen kann.

Im Übrigen hat die Chlorella Alge noch sehr viele weitere gesundheitliche Vorteile. Generell gilt, je höher der Chlorophyll-Anteil eines Lebensmittels, desto besser ist der gesundheitliche Nutzen. Die Chlorella Alge ist die Pflanze mit dem höchsten je gemessenen Chlorophyll-Anteil. Was Chlorophyll im Körper alles bewirkt, erfahren Sie im Kapitel ungewöhnliche Lebensmittel. Das Weizengraspulver, welches ich Ihnen dort vorstelle, enthält nämlich auch sehr viel Chlorophyll.

Vitamine werden in wasser- und fettlösliche unterteilt. Bei den wasserlöslichen sollte man beim Kochen darauf achten, das Wasser nicht wegzugießen, ansonsten gießt man die Vitamine auch mit weg. Bei den Fettlöslichen ist es für die Aufnahme im Körper wichtig diese auch mit Fett zu essen, es sei denn, das Produkt ist bereits fettreich. Da einige Vitamine obendrein hitzeempfindlich sind, darf nicht mit zu hohen Temperaturen gekocht oder gebraten werden und vor allem auch nicht zu lange. Nach dem Motto, jetzt können wir essen, das Gemüse ist schön weich. Deswegen ist viel Rohkost immer genau richtig, da weder durch Hitze noch durch Wasser Vitamine verloren gehen können und bei einem Salat sorgt die Vinaigrette obendrein für das Fett.

Die fettlöslichen Vitamine kann der Körper speichern, die wasserlöslichen nicht. Darum ist gerade bei den wasserlöslichen die tägliche Aufnahme sehr wichtig. Fehlen Vitamine können viele Prozesse im Körper nicht richtig funktionieren und oftmals greift eins ins andere. Vielleicht ist das auch der Grund, weshalb sich die Menschen mit Vitaminpräparaten vollpumpen. Auch hier gilt, ein Präparat kann niemals das Original ersetzen. Vor allem ist es wichtig, die Fettlöslichen nicht überzudosieren, welches mit Präparaten natürlich viel eher passieren kann als mit der Nahrung. Bei den wasserlöslichen ist eine Überdosierung fast nicht möglich, da ein Zuviel über die Nieren ausgeschieden wird. Unmöglich ist es aber nicht.

Zusammenfassend lässt sich sagen, wer sich nach der von mir empfohlenen Ernährung ernährt, ist gleichzeitig auch bestens mit allen Vitaminen versorgt. Jedem ist doch bestimmt der gravierende Unterschied zwischen frischen Obst und einer Brausetablette bewusst.

Nun haben Sie es endlich geschafft! Das Körperinnere haben wir durch! Im nächsten Kapitel geht es an den sichtbaren Bereich.

Die basische Körperpflege

Ein Ungeborenes liegt neun Monate im Fruchtwasser, das weiß jeder. Die meisten wissen aber nicht, dass das Fruchtwasser einen pH-Wert von 8,0 bis 8,5 hat. Und ohne, dass ich Ihnen bis jetzt etwas über die basische Körperpflege erzählt habe, kann jeder von Ihnen eins und eins zusammenzählen. Babyhaut duftet und ist weich, woran das wohl liegen mag?

Die herkömmlichen Pflegeprodukte, die von den meisten Menschen gekauft werden, haben alle einen pH-Wert von 5,5, also sauer. Haben Sie das gewusst? Überall steht jedoch pH-hautneutral drauf. Doch was bedeutet das? Die Kosmetikindustrie verwendet den Begriff „hautneutral", da die menschliche Haut einen pH-Wert von 5,5 bis 6,5 hat. Der pH-Wert der Haut ist allerdings in den letzten Jahrzehnten stetig gesunken. Die Erklärung ist einfach, ungesunde Ernährungsweise und saure Körperpflege.

Bis in die siebziger Jahre hinein wurde sich ausschließlich basisch gereinigt, und das schon seit Jahrtausenden in allen Kulturen. Nach und nach eroberte die Kosmetikindustrie den Markt und fing an ihre sauren Pflegeprodukte zu verkaufen. Der pH-Wert dieser Produkte war aber vor 30 Jahren nicht auch schon 5,5, sondern noch wesentlich höher. Zwar auch schon sauer, aber er ist erst im Laufe der Zeit stetig gesunken, genauso wie der pH-Wert der Haut. Deshalb kann die Industrie immer sagen, wir passen uns der menschlichen Haut nur an. Wer sich wohl an wen anpasst?

Des Weiteren redet sich die Kosmetikindustrie immer mit dem „Säureschutzmantel der Haut" raus. Dieser Begriff wurde damals zu Werbezwecken genutzt und so ist er plötzlich in jedermanns Munde gekommen. Die Oberfläche der Haut ist leicht sauer, logisch, weil die Haut Säuren ausscheidet. Wie sauer, hängt allerdings auch von der Menge an Säuren ab.

Ich möchte Ihnen jetzt einmal erklären, wie sich das mit der Haut verhält. Die Haut mit ihren ca. 2 Quadratmetern ist neben Leber und Nieren ein wichtiges Entgiftungs- und Ausscheidungsorgan. Sie verfügt über die gleichen Entgiftungsenzyme wie die Leber und die Schweiß- und Talgdrüsen können Säuren und Gifte ausscheiden.

Da die meisten Menschen leider übersäuert sind, bleibt dem Körper nichts anderes übrig als die Haut verstärkt als Ausscheidungsorgan zu nutzen. Die anderen Ausscheidungsorgane wie Nieren, Darm und Atmung allein können die Säuremengen in den meisten Fällen schon lange nicht mehr bewältigen. Wen wundert es da, dass es so viele Hautkrankheiten gibt. Jeder Pickel, jede Rötung, jede Schuppe und jede Entzündung deuten ganz klar darauf hin, dass der Körper viel zu viele Säuren ausscheiden muss. Offene Stellen an den Beinen und Fuß- und Nagelpilz sind außerdem ein sehr guter Beweis dafür. Denn die Füße und die Unterschenkel werden nicht ohne Grund auch als „Dritte Niere" bezeichnet. Über diese werden besonders viele Säuren ausgeschieden. Im Übrigen können die Pilze, die für den Fuß- und Nagelpilz verantwortlich sind, nur in einem sauren Klima gedeihen und dort fühlen sie sich pudelwohl.

Und nun kommen die sauren Pflegeprodukte ins Spiel, die sich die meisten Menschen auftragen. Diese kleistern sozusagen die Haut zu und die Säuren werden wieder in den Körper zurückgedrängt. Jeder kann sich denken, dass das große Komplikationen für den Organismus mit sich bringt. Säuren und Basen gehen immer eine chemische Reaktion miteinander ein. Trage ich nun eine saure Körperpflege auf eine saure Haut auf, ist das dasselbe, als wenn ich den Pluspol einer Batterie an den Pluspol im Radio stecke. Kommt auch nichts raus! Und aus der Haut können die Säuren auch nicht raus. Saure Pflegeprodukte verschließen die Haut, basische Pflegeprodukte öffnen die Haut. So können mit einer basischen Körperpflege die Säuren hinaus und die Ausscheidung wird sogar angeregt und gefördert. Das ist wie Plus und Minus, Base neutralisiert Säure.

Basische Pflegeprodukte öffnen die Haut und fördern die Ausscheidung von Säuren!

Genauso verhält es sich natürlich mit der Zahnpflege. Der Mund- und Rachenraum ist durch seine Schleimhäute ebenfalls ein wichtiges Ausscheidungsorgan. Basische Zahnpasta sorgt auch hier für ein gesundes Klima. Ganz wichtig ist ebenfalls das Weglassen herkömmlicher Mundspüllösungen. Diese haben teilweise einen pH-Wert von 4,2 und töten obendrein alle Bakterien ab, auch die nützlichen. Wir spülen morgens und abends mit ein paar Tropfen Grapefruitkernextrakt in Wasser aufgelöst. Grapefruitkernextrakt ist ein natürliches Antibiotikum, welches sogar in der Lage ist, antibiotikaresistente Keime abzutöten. Es tötet allerdings nur die Bösen und nicht die Guten, und das im ganzen Körper. Genaue Informationen zum Grapefruitkernextrakt finden Sie im Kapitel ungewöhnliche Lebensmittel.

Mein Mann und ich hatten einmal beide Parodontose. Zu dem Zeitpunkt kannten wir allerdings noch kein Grapefruitkernextrakt und spülten immer mit einer von Zahnärzten empfohlenen Mundspüllösung. Bei mir hat die Parodontosebehandlung mit anschließenden Antibiotikamedikamenten geholfen, bei Andreas aber nicht. Sozusagen war bei ihm die ganze Prozedur für den Zopf. Die Bakterien waren noch genauso vorhanden wie vor der Therapie. Ein typisch antibiotikaresistenter Fall. Nun können Sie sich sicher denken was jetzt kommt, auch hier sagte ich mir, es muss auf dieser großen weiten Welt doch etwas geben, was hilft. Und genau das gibt es in Form von GKE (Grapefruitkernextrakt). Bei uns heißt es nur noch GKE und neben der Mundspüllösung desinfizieren wir immer unsere Zahnbürsten nach dem Zähneputzen mit nur einem Tropfen. Selbst in der Küche kann GKE zum Desinfizieren eingesetzt werden. Die Parodontosebakterien von Andreas hat es jedenfalls gekillt und sorgt weiterhin bei uns beiden zusammen mit der basischen Zahnpasta für ein gesundes Mundklima.

Ich möchte Ihnen natürlich auch noch von unseren Erfahrungen mit der basischen Körperpflege berichten. Bereits nach dem ersten Mal duschen war unsere Haut weich, wie wir es noch nie erlebt hatten. Und das ganz ohne eincremen, nur geduscht und abgetrocknet, einfach sensationell. Ich habe Ihnen ja schon von unserem positiv geänderten Hautbild, besonders bei Andreas, im Zuge der Ernährungsumstellung berichtet. Ich muss auch sagen, der Hauptteil kommt immer von innen. Die basische Körperpflege allerdings hat noch einmal richtig einen obendrauf gesetzt. Keine Pickel, keine Schuppen, keine Rötungen, kein gar nichts. Einfach nur weich, glatt und gesund.

Natürlich lassen sich nicht alle Falten, die man sich im Laufe der Jahre erworben hat, wegessen und wegcremen. Ist das Hautbild aber allgemein gut und sieht man gesund aus, sind auch ein paar Falten nicht schlimm.

Falls Sie jetzt vorhaben morgen in die Drogerie zu gehen, um sich basische Körperpflege zu kaufen, vergessen Sie es. Das einzige, was Sie dort bekommen ist Kernseife mit einem pH-Wert von 8,5-9,0. Das ist für Seife ein eindeutig zu hoher pH-Wert, den Sie nicht benutzen sollten. Wichtig ist noch, dass Sie sich nicht von Begriffen wie Natur, Hautfreundlich, Bio usw. beeinflussen lassen. Das hat alles nichts mit basisch zu tun. Es muss ganz klar als basische Körperpflege mit einem pH-Wert **über** 7,0 ausgewiesen sein. Gute pH-Werte bei Duschzeug und Shampoo sind ungefähr 7,4. Bei Creme sollte es schon mehr sein. Unsere Gesichtscreme und Körperlotion hat 8,5. Es gibt übrigens alles, auch Lippenpflege und Deodorant.

Bei der Zahnpasta verhält es sich ähnlich. In der Drogerie liegen die pH-Werte zwischen 3,9 und 7,0. Letztere allerdings bildet die große Ausnahme, mir ist nur eine mit 7,0 bekannt. Unsere Zahnpasta hat einen pH-Wert von 7,5 und ist vor allem **ohne** Fluorid. Fluoride gehören zu den giftigen Substanzen und haben, je nachdem um welches Fluorid es sich handelt, eine unterschiedlich starke Toxizität. Würde ein Kleinkind eine Tube fluoridierte Zahnpasta essen, hätte es bereits die tödliche Dosis überschritten.

Ich bestelle unsere Körperpflegeprodukte und Zahnpasta im Internet, wo es eine große Auswahl gibt.

Die homöopathischen Mineralsalze

Die homöopathischen Mineralsalze wurden vor etwa 150 Jahren von dem Oldenburger Mediziner Dr. med. Wilhelm Heinrich Schüßler entwickelt. In jahrelanger Forschungsarbeit entdeckte er, dass in sämtlichen Bereichen des Körpers unterschiedliche Mengen an Mineralsalzen vorhanden sind. Trotz der unterschiedlichen Mengen in Organen, im Blut oder anderen Körperbereichen war die Gesamtstückzahl immer zwölf. Durch seine Entdeckung schlussfolgerte er, dass diese zwölf mineralischen Verbindungen lebensnotwendig sein müssen und bei Mangel Krankheiten entstehen.

Wilhelm Schüßler entwickelte nun eine Methode die es ermöglichte, die Mineralstoffe genau dorthin gelangen zu lassen, wo sie gebraucht werden. Durch mehrfaches Verdünnen (Potenzierung) konnten die Mineralsalze die Zellmembran durchdringen und waren sofort für den Körper verfügbar. Schüßler wollte eine Möglichkeit schaffen, dass sich jede Person selbst wirkungsvoll und schnell bei heilbaren Krankheiten helfen kann.

Somit waren die zwölf Funktionssalze geboren, die auch heute noch so bezeichnet werden. Schüßler verabreichte die Salze als potenziertes Pulver, das in Wasser aufgelöst schluckweise getrunken wurde. Heute gibt es potenzierte Tabletten, Pulver, Tropfen, Globuli und Salbe.

Im Laufe der Jahre wurden von verschiedenen Anhängern der Biochemie nach „Schüßler" noch weitere fünfzehn Ergänzungssalze entwickelt. Es gibt somit insgesamt siebenundzwanzig homöopathische Mineralsalze in der Apotheke zu kaufen. Diese sind selbstverständlich rezeptfrei und auch frei von jeglichen Nebenwirkungen. Bei Laktoseintoleranz empfiehlt es sich, die Globuli oder die Tropfen zu nehmen, da diese keinen Milchzucker enthalten.

Die Mineralsalze gelangen durch ihre hohe Potenzierung sofort in die Zelle und können dem Körper dabei helfen, den gestörten Mineralhaushalt wiederherzustellen. Die Störung wird beseitigt und der Selbstheilungsprozess wird aktiviert.

Mit homöopathischen Mineralsalzen wird aber nicht die Grundversorgung des Organismus mit Mineralstoffen bewirkt, diese müssen schon mit der Nahrung in den Körper gelangen.

Mittlerweile benötigen wir kaum noch Mineralsalze, aber sie waren uns über viele Jahre ein unentbehrlicher Begleiter. Sie beseitigen ohne Nebenwirkungen Störungen jeglicher Art und der Körper kann sich schneller regenerieren. Sie haben uns sehr beim Entsäuern geholfen und den Stoffwechsel in Schwung gebracht. Sie vollbringen kleine Wunder, manchmal vielleicht auch größere, aber noch einmal, richtig und langfristig gesund wird man nur durch eine gesunde Ernährung.

Wenn Sie wissen möchten für welche Krankheiten Sie die Salze einsetzen können, haben Sie die Möglichkeit im Internet unter www.schuessler-salze-liste.de nachzuschauen. Dort sind allein unter dem Buchstaben A schon fast einhundert Krankheiten aufgeführt. Auf dieser Seite sind alle Salze genau erklärt, wie sie im Körper wirken und wie sie einzunehmen sind. Außerdem wie sich an äußerlichen Merkmalen schon auf bestimmte Mängel im Körper schließen lässt, wie Salben anzuwenden sind, welche Kuren es gibt und vieles mehr. Selbstverständlich gibt es auch Bücher über die Salze. Ich muss allerdings sagen, die Internetseite steht meinem Buch in nichts nach. Sicherlich etwas ausführlicher ist es noch im Buch, aber es beinhaltet auch viele Informationen, die man aufgrund der nur bedingten Wichtigkeit sofort wieder vergessen hat.

Eines noch zum Schluss. Sollte man das falsche Salz genommen haben, ist das völlig egal. Die Salze haben keine Nebenwirkungen. Nimmt man ein Salz für den Wasserhaushalt, obwohl man dachte es wäre für Schlafstörungen, macht das dem Wasserhaushalt gar nichts. Die Schlafstörungen werden allerdings immer noch da sein.

Ungewöhnliche Lebensmittel

In diesem Kapitel möchte ich Ihnen Lebensmittel vorstellen die nicht so bekannt sind, aber äußerst wertvoll für die tägliche Ernährung. Einige Produkte davon werden sogar als „Superfood" bezeichnet was bedeutet, dass sie eine extrem hohe Nähr- und Vitalstoffdichte aufzeigen und daher eine ungewöhnliche Vielzahl an positiven Eigenschaften für die Gesundheit haben. Eine hohe Nähr- und Vitalstoffdichte bedeutet, dass das jeweilige Produkt extrem viele Mineralstoffe, Fettsäuren, Aminosäuren, Vitamine, Ballaststoffe, Antioxidantien, Enzyme und sekundäre Pflanzenstoffe in unterschiedlichen Zusammensetzungen hat. Deswegen reichen bereits geringe Verzehrmengen aus, um einen positiven Effekt zu erzielen. Die ersten vier Begriffe sind Ihnen bereits vertraut, weil dies die essentiellen Stoffe sind. Die anderen möchte ich Ihnen noch kurz erklären:

Ballaststoffe

Zu den Kohlenhydraten werden sie gezählt, die weitgehend unverdaulichen Nahrungsbestandteile, die vorwiegend in Hülsenfrüchten, Getreide, Nüssen, Obst und Gemüse vorkommen. Und genau diese Unverdaulichkeit ist es die dafür sorgt, dass Ballaststoffe Wasser binden, dadurch aufquellen und für ein lang anhaltendes Sättigungsgefühl sorgen. Obendrein binden Ballaststoffe auch noch Gallensäure, Gifte aber auch Mineralstoffe. Durch das Binden der Gallensäure wird mehr Cholesterin verbraucht und der Cholesterinspiegel sinkt. Außerdem werden die Blutzuckerwerte verbessert, die Darmtätigkeit angeregt und die Darmflora gestärkt. Eine intakte Darmflora ist der Grundstein für ein gut funktionierendes Immunsystem und somit für einen gesunden Organismus. Ballaststoffe werden in lösliche und unlösliche unterteilt und haben unterschiedliche Wirkungen im Körper. Die löslichen binden mehr Wasser, quellen dabei stark auf, wirken aber in erster Linie auf den Stoffwechsel. Die unlöslichen sind für eine normale Darmtätigkeit nahezu unentbehrlich. Eine tägliche Zufuhr von 30 g Gesamtballaststoffen (löslich und unlöslich) ist die empfohlene Tagesmenge. Als Vergleich: 100 g Roggenvollkornbrot, Haferflocken oder Mandeln enthalten 9-10 g Ballaststoffe. 100 g Banane, Apfel oder Birne haben 2-3 g, wobei bei Obst natürlich schnell ein hohes Gewicht erreicht wird. Tierische Kost ist nahezu frei von Ballaststoffen.

Antioxidantien

Sie sind es, die erfolgreich den Kampf gegen die freien Radikalen aufnehmen können. Die freien Radikalen sind keine neue Terrorgruppe, sondern zellschädigende Moleküle. Da ihnen ein Elektron fehlt, klauen sie einfach dem nächstbesten intakten Molekül das passende Elektron, worauf dieses selber zum freien Radikalen wird. Eine Kettenreaktion wird in Gang gesetzt, Körperzellen werden geschädigt und Krankheiten treten früher oder später auf. So entstehen zum Beispiel auch Krebszellen. Da die freien Radikalen durch fast alle Stoffwechselprozesse die mit Sauerstoff zu tun haben entstehen, können nur die Antioxidantien helfen. Sie geben ihnen das fehlende Elektron, ohne selbst zum Radikalen zu werden. Antioxidantienreiche Lebensmittel sind zum Beispiel Obst, Gemüse, Nüsse, Ölsaaten und kaltgepresste Öle.

Enzyme

Unser Körper braucht Enzyme besonders für die Verdauung aber auch für sämtliche andere Stoffwechselvorgänge. Die drei Hauptkategorien von Enzymen sind Verdauungsenzyme, Stoffwechselenzyme und Nahrungsenzyme. Die ersten beiden stellt der Körper selber her, während das dritte mit der Nahrung aufgenommen wird. Die Verdauungs- und die Nahrungsenzyme haben die gleiche Aufgabe, das Verdauen der Nahrung. Die Stoffwechselenzyme werden in den Zellen produziert und erhalten die Organfunktionen im ganzen Körper. Für eine gute Verdauung ist es natürlich nützlich, den Körper mit Nahrungsenzymen zu unterstützen. Diese kommen ausschließlich in frischen, rohen und nicht über 42 °C erhitzten Lebensmitteln vor.

Sekundäre Pflanzenstoffe

In jeder Pflanze befinden sich sekundäre Pflanzenstoffe in verschiedenen Zusammensetzungen. Sie werden aufgrund ihrer Struktur in viele verschiedene Gruppen eingeteilt. Bekannte Pflanzenstoffe sind zum Beispiel Carotinoide, Flavonoide oder Sulfide. Die sekundären Pflanzenstoffe dienen nicht nur der Pflanze, sondern auch dem Menschen. Sie schützen vor Infektionen, stärken das Immunsystem, senken den Cholesterinspiegel, wirken sich positiv auf den Blutdruck und die Blutzuckerwerte aus und wirken vor allem antioxidativ.

Und nun kommen wir zu den ungewöhnlichen Lebensmitteln:

Gojibeeren

Beginnen wir mit der Königin aller Superfoods, den Gojibeeren. Diese spielen bereits seit mehreren Jahrtausenden eine wichtige Rolle in der traditionellen chinesischen Medizin. In China werden Gojibeeren-Präparate bei Krebserkrankungen parallel zur Chemotherapie eingesetzt. Auch bei uns weiß man mittlerweile um die positiven Wirkungen der kleinen Beere, deren Heimat in China und der Mongolei liegt. Die Gojibeeren stärken das Immunsystem, bauen die Darmflora auf, helfen bei chronischen Entzündungen, unterstützen die Entgiftung des Körpers und verbessern und schützen die Sehkraft.

Gojibeeren schmecken süß und sind als getrocknete Beeren, in Pulverform oder als gepresster Saft im Internet, im Reformhaus, in Bio-Läden, im Drogeriemarkt und teilweise schon im Supermarkt erhältlich.

Grapefruitkernextrakt

Das Grapefruitkernextrakt ist ein hoch konzentrierter rein pflanzlicher Extrakt, der aus den Schalen und Kernen der Grapefruit gewonnen wird. Selbstverständlich ist das GKE kein Lebensmittel in dem Sinne, aber ungewöhnlich alle Mal. Es ein natürliches Antibiotikum, wogegen Bakterien keine Resistenzen bilden können. GKE verfügt über eine viel komplexere Struktur als herkömmliche Antibiotika, so dass Bakterien nicht in der Lage sind, sich dem GKE anzupassen. Auch in hohen Dosen ist es ungiftig, wirkt außerdem auch gegen Viren und Pilze und greift wie herkömmliche Antibiotika die Darmflora nicht an. Vorsicht ist nur für Menschen mit einer Zitrusfrucht-Allergie geboten. Ansonsten kann das Grapefruitkernextrakt innerlich und äußerlich angewendet werden. Es hat einen niedrigen pH-Wert von 2-3, wird aber basisch verstoffwechselt und obendrein nur hoch verdünnt mit Wasser angewandt. Eine gute Übersicht über die vielfältigen Einsatzgebiete und die Anwendungshinweise finden sie zum Beispiel auf der Internetseite unter www.grapefruitkern-extrakt.com im Inhaltsverzeichnis.

GKE bekommen Sie nicht nur in der Apotheke, sondern auch bei verschiedenen Internetanbietern. Aufgrund der Vielzahl sollten Sie beim Kauf unbedingt darauf achten, dass der Anteil an Bioflavonoiden sehr hoch und das Extrakt frei von Zusatzstoffen ist.

Hanfsamen

Das nächste Superfood sind die Hanfsamen, aber keine Angst, „high“ wird man davon nicht. Es handelt sich hierbei um Nutzhanf, also eine Hanfsorte, die keine berauschenden Wirkstoffe enthält. Hanfsamen gehörten bereits bei vielen Urvölkern in China, Indien, Ägypten und Nord- und Südamerika zu den wichtigsten Grundnahrungsmitteln. Sie haben ein optimales Aminosäureprofil, denn sie enthalten alle acht essentiellen Aminosäuren in einem perfekten Verhältnis. Interessant ist, dass das Hanfprotein dem menschlichen Protein so sehr ähnelt, dass der Organismus sofort körpereigenes Eiweiß daraus herstellen kann. Wie im Hanföl ist auch in den Hanfsamen das Omega-6- zu Omega-3-Verhältnis perfekt. Und da sie ein Superfood sind, enthalten sie natürlich auch noch jede Menge Nähr- und Vitalstoffe.

Die Hanfsamen erhalten sie überall dort, wo sie auch die Gojibeeren bekommen. Sie schmecken nussig, eignen sich zum Rohverzehr aber auch gut zum Backen.

Kokosblütenzucker

Bekannt geworden ist er, weil er einen so niedrigen glykämischen Index hat, dass er sogar für Diabetiker geeignet ist. Lebensmittel mit einem hohem glykämischen Index verursachen einen Anstieg des Blutzuckerspiegels innerhalb kürzester Zeit und einen anschließenden starken Abfall des selbigen. Das wiederum führt zu erneutem Hunger und damit zwangsläufig zu einer Gewichtszunahme, wie das bei normalen Haushaltszucker der Fall ist. Kokosblütenzucker wird aus dem Nektar der Blütenknospe einer bestimmten Kokospalmenart hergestellt und ist obendrein noch reich an Mineralstoffen.

Kokosblütenzucker ist braun, schmeckt leicht süß nach Karamell und hat eine kräftige Note. Für Salate ist er genauso geeignet wie zum Backen, Kochen und Karamellisieren. Mittlerweile ist er auch als Sirup erhältlich und zwar fast überall dort, wo es Lebensmittel gibt.

Konjac-Nudeln

Die einzigen basischen Nudeln die es gibt, sind die aus dem Mehl der Konjac-Wurzel. Sie sind absolut geschmacksneutral, kein bisschen nach Cognac und riechen beim Auspacken fürchterlich. Der Geruch erinnert mich immer an eine Mörtelmischung, die man zum Mauern braucht. Der Geruch verflüchtigt sich natürlich und wir essen die Nudeln immer mit Soße. Und ist die Soße lecker, sind es die Nudeln auch, weil sie ja nach nichts schmecken. Das Sensationelle an diesen Nudeln sind die 10 Kalorien auf 100g, kein Fett, keine Kohlenhydrate, kein Eiweiß, dafür aber reich an Ballaststoffen. Des Weiteren sind sie glutenfrei, haben einen glykämischen Index von Null, machen satt und sind in einer Minute zubereitet.

Konjac ist ein asiatisches Wurzelgemüse, welches dort schon seit Jahrhunderten verzehrt wird. Mittlerweile gibt es Konjac-Nudeln, die an die europäischen Standards angepasst und geruchsneutral sind. Diese werden Kajnok genannt, während die Riechenden die Shirataki sind.

Erhältlich sind diese Nudeln auf jeden Fall im Internet, wobei es die Kajnok meines Wissens nur von einem Anbieter gibt, der diese in verschiedenen Online-Supermärkten vertreibt. Bei den Shirataki gibt es viele Anbieter, demzufolge aber auch Qualitätsunterschiede, wie wir es selber schon festgestellt haben. Die Kajnok haben wir noch nicht probiert. Es gibt unterschiedliche Nudelformen und auch Konjac-Reis. Der Reis ist aber identisch mit den Nudeln, hat halt nur eine Reisform.

Lupinenprotein

Von vielen werden die hübschen Blumen bereits als Superfood bezeichnet. Während die wildwachsenden Lupinenpflanzen giftig sind, sind die speziell gezüchteten Süßlupinen für den Verzehr, da sie frei von den giftigen Alkaloiden sind. Da die Lupine ein tiefes Wurzelwerk bildet, ist kein Einsatz von Düngemitteln nötig. Zudem eine Pflanze die nicht aus weiter Ferne kommt, sondern auch bei uns in Deutschland wächst. Die Lupinen gehören zur Gattung der Hülsenfrüchte und aus ihren Samen lässt sich glutenfreies Mehl herstellen, welches vielseitig in der Küche einsetzbar ist. Es gibt sie auch geröstet als Kaffee (Lupinenkaffee), zu Lupinentofu verarbeitet (Lopino), Lupinenmilch, in getrockneter Form (Tirmis) oder eingelegt in Salzlake.

Das einzigartige an der Lupine ist der enorm hohe Eiweißgehalt und ein vollständiges Aminosäureprofil. Sie enthält nicht nur alle acht essentiellen Aminosäuren, sondern auch noch die zwölf nicht essentiellen. Das Eiweiß ist basisch, was daran liegt, dass die Lupine arm an Harnsäure produzierenden Purinen ist. Für uns absolut unentbehrlich, denn alle anderen guten Eiweißquellen sind säurebildend. Das Lupinenprotein ist somit die einzige **basische** Eiweißquelle mit einem vollständigen Aminosäureprofil, die biologische Wertigkeit liegt obendrein bei ca. 85 % und durch die vielseitigen Einsatzmöglichkeiten ist es der optimale Eiweißlieferant. Durch die Tatsache, dass die Lupine ein Alleinprotein ist (vollständiges Aminosäureprofil), kann sie andere Eiweißquellen vervollständigen. Deswegen nehme ich beim Backen, bis auf wenige Ausnahmen, immer etwas Lupinenmehl mit dazu. Der Eiweißgehalt des Lupinenmehls beträgt je nach Hersteller um die 43 g auf 100g. Die Lupine enthält wenig Fett und Kohlenhydrate, viele Ballaststoffe, sehr viele Mineralstoffe, Vitamine, sekundäre Pflanzenstoffe und Antioxidantien. Für Erdnussallergiker könnte es zu einer Kreuzallergie kommen, ansonsten weist das Lupineneiweiß kein höheres Allergiepotenzial als andere Hülsenfrüchte auf.

Das Lupinenmehl, das meist unter der Bezeichnung Lupinenprotein verkauft wird, schmeckt leicht nussig und hat eine gelbe Farbe. Beim Backen können 10-15 % der Gesamt-Mehlmenge durch Lupinenmehl ersetzt werden. Es kann als Eiweißshake getrunken werden, wobei es einen geschmacklich nicht vom Socken haut, aber uns geht es dabei um das hochwertige Eiweiß. Es lässt sich auch für deftige Speisen verwenden, deshalb habe ich bei den Rezepten auch eine Lupinenfrikadelle mit dabei. Die anderen Lupinenprodukte haben wir noch nicht probiert, da wir das Mehl halt sehr vielseitig einsetzen. Im Internet, Reformhaus und Bio-Laden sind die Produkte auf jeden Fall erhältlich.

Natursalze

Jedes Salz hat seinen Ursprung in den Urmeeren. Es wird zwischen zwei Salzarten unterschieden, dem Steinsalz und dem Meersalz. Das Steinsalz lagert in Salzstöcken unter der Erde, während das Meersalz direkt aus den Meeren gewonnen wird. Beim Steinsalz gibt es das hochwertige Kristallsalz, auch Himalayasalz genannt, das eine rosafarbene Tönung hat. Beim Meersalz ist das Fleur de Sel das hochwertige, weil die Gewinnung sehr aufwendig ist.

Diese Salze bestehen aus 84 Elementen, die für den Körper sehr wertvoll sind, da unser Körper aus denselben 84 Elementen aufgebaut ist. Das schneeweiße Speisesalz im Supermarkt hat zwar denselben Ursprung wie die Natursalze, hat aber mit Natur nichts mehr zu tun. Es wird stark raffiniert, mit Chemikalien gereinigt und gebleicht und alle enthaltenen Mineralstoffe werden entfernt, so dass es am Ende noch 2 Elemente enthält. Zum Schluss wird es noch mit Konservierungsstoffen und Rieselhilfen versetzt, damit es schön streufähig ist. Die Natursalze werden weder raffiniert noch gebleicht, noch werden ihnen die Mineralstoffe entzogen. Aufgrund der Meeresverschmutzungen ist normales Meersalz allerdings nicht mehr zu empfehlen, mit Ausnahme des hochwertigen Fleur de Sel, dass frei von Verschmutzungen ist. Bei den Steinsalzen sollte zum Kristallsalz, meist unter der Bezeichnung Himalayasalz zu finden, gegriffen werden. Die 84 Elemente liegen hier, im Vergleich zu normalen Steinsalz, in kleinster Form vor und können so vom Körper besser aufgenommen werden.

Ich möchte die Frage noch beantworten, warum werden überhaupt alle Elemente aus dem Salz extrahiert? Der größte Salzabnehmer ist die Industrie mit ca. 93 % und die benötigen nur reines Natriumchlorid, die 2 Elemente, die übrigbleiben. Der kleine Rest von 7 % kommt als Speisesalz in den Handel. Der Mensch benötigt Salz, nicht reines Natriumchlorid, aber wen interessiert das schon.

Das Himalayasalz gibt es für den Salzstreuer genauso wie für die Mühle. Das Fleur de Sel ist zwar sehr groß und grobkörnig, aber auch sehr weich und daher für die Mühle nicht geeignet. Das Himalayasalz benutzen wir für alles, während wir das Fleur de Sel aufgrund der Grobkörnigkeit zum Würzen von gebratenen Fisch oder für selbstgebackenes Laugengebäck verwenden. Es verleiht eine tolle Optik und geschmacklich sind beide Salze spitze. Erhältlich überall, aber wie immer auf Qualitätsunterschiede achten.

Sango Meeres Koralle

Die Sango Meeres Koralle gibt es ausschließlich in Japan rund um die Insel Okinawa. Aufmerksam wurde man auf sie, weil auf der Insel so viele Hundertjährige leben, die nicht von Zivilisationskrankheiten geplagt sind. Es wurde entdeckt, dass die Ursache mit an dem mineralstoffreichen Wasser liegt, welches seine Mineralstoffe durch die Sango Meeres Koralle bekommt und von den Menschen getrunken wird. Die Sango Meeres Koralle besitzt über 70 Mineralstoffe, darunter Calcium und Magnesium in einem perfekten Verhältnis. Diese beiden Mineralstoffe können vom Körper nur richtig aufgenommen werden, wenn das Calcium-Magnesium-Verhältnis 2:1 ist. Dieses ist bei der Koralle der Fall und obendrein liefert sie mit einer Tagesdosis von nur 2,4 g mehr als den halben täglichen Calciumbedarf und fast den kompletten Magnesiumbedarf. Die Bioverfügbarkeit liegt bei 90 %, was bedeutet, dass fast das komplette Calcium vom Körper auch aufgenommen wird. Bei anderen Calciumquellen beträgt die Verfügbarkeit nur 20-40 %.

Die Mineralstoffe liegen bei der Koralle in ionisierter (kleinster) Form vor, deshalb können sie die Zellwände durchdringen und sorgen so für eine Entsäuerung des intrazellulären Bereichs (Zellwasser innerhalb der Zelle). Die Sango Meeres Koralle ist weltweit die einzige 100 % natürliche Nahrungsergänzung mit ionisierten Mineralstoffen. Selbstverständlich sind bzw. waren die Hundertjährigen nicht nur aufgrund der Koralle so alt und fit, sondern vor allem wegen ihrer gesunden Ernährung. Das ist auch der Grund, weshalb ihnen langsam aber sicher der Nachwuchs fehlt, die Ernährung der westlichen Welt hat Einzug gehalten.

Die Sango Meeres Koralle bekommen Sie meines Wissens nur über das Internet.

Stevia

Stevia rebaudiana ist eine aus Südamerika stammende Pflanze aus der das Süßungsmittel Steviosid gewonnen wird, welches die 300fache Süßkraft von normalen Zucker hat. Deswegen ist Stevia nur in verdünnter Form erhältlich und kann trotzdem noch sehr sparsam dosiert werden. Es wirkt sich auf den Blutzuckerspiegel überhaupt nicht aus, hat kaum Kalorien, wirkt karieshemmend, ist das perfekte Süßungsmittel für eine Diät und das gesündeste natürliche Süßungsmittel überhaupt. Der Verkauf von Stevia war in der gesamten EU bis Dezember 2011 verboten, aufgrund einer falschen Studie. Die Studie wurde von dem Süßstoff-Hersteller Monsanto finanziert, der den Süßstoff Aspartam verkaufte. Schon sagenhaft, dass so etwas überhaupt möglich sein kann. Na ja, irgendwann wurde bemerkt, dass sie falsch war. In Japan gibt es Stevia bereits seit den 70er Jahren und nimmt 40 % des Süßstoffmarktes ein.

Meine Erfahrungen mit Stevia sind sehr positiv, leider schmeckt es nicht mit allen Lebensmitteln und auf die Dosierung kommt es auch an.

Stevia gibt es als Pulver, Tropfen und Tabs mittlerweile überall zu kaufen, wo es Lebensmittel gibt.

Weizengraspulver

Das nächste Superfood ist das Weizengras, welches bereits seit mehr als tausend Jahren als Nahrungs- und Heilmittel bekannt ist. Weizen ist sehr ungesund, aber das junge Weizengras ist ein wahrer Segen für die Gesundheit. Während das Weizenkorn voll von Gluten ist, ist Weizengras glutenfrei. Sobald es 10-15 cm hoch ist, hat es den Höhepunkt an Nährstoffen erreicht. Und das ist eine beachtliche Anzahl an Mineralstoffen, Aminosäuren und Vitaminen. Zusätzlich natürlich Ballaststoffe, Antioxidantien, Enzyme und sekundäre Pflanzenstoffe. Und das Beste am Weizengras ist der hohe Anteil an Chlorophyll. Der grüne Farbstoff der Pflanzen ist in seiner chemischen Struktur fast identisch mit dem Blutfarbstoff Hämoglobin, so dass Chlorophyll der perfekte Nährstoff für unser Blut ist. So wirkt es blutreinigend und trägt zur Bildung neuer Blutkörperchen bei. Je besser das Blut, desto gesünder der Mensch. Chlorophyll verlangsamt den Alterungsprozess, da es die Lebensdauer der einzelnen Zellen verlängert. Im Darm verbindet es sich mit krebserregenden Giftstoffen, die so über den Stuhl ausgeschieden werden. Chlorophyll wirkt entgiftend, antioxidativ, ist hoch basisch und reguliert so den Säure-Basen-Haushalt, aktiviert den Stoffwechsel, verbessert die Zellatmung, senkt den Blutdruck und Blutzuckerspiegel und noch vieles mehr.

Des Weiteren enthält Weizengras sehr viel Lutein, ein Stoff, der in der Augennetzhaut eingelagert ist und trägt so zur Gesunderhaltung der Augen bei. Durch seinen hohen Eisengehalt ist es für Frauen besonders gut geeignet. Aus eigener Erfahrung kann ich sagen, dass Weizengras meinen Hormonhaushalt perfekt geregelt hat.

Es gibt Weizengras frisch, getrocknet und als Tabletten. Wir nehmen getrocknetes Weizengraspulver, welches mit Wasser angerührt wird. Frischer Weizengrassaft ist natürlich besser und hat den höchsten Gehalt an Nähr- und Vitalstoffen. Da es Weizengrassaft aber nicht im Supermarkt gibt, ist das mit dem frischen Saft schon problematisch. Es gibt auch die Möglichkeit, sich Weizengras selber anzupflanzen und zu entsaften. Ansonsten sind diese Produkte im Internet, Reformhaus und Bio-Laden zu bekommen. Im Übrigen gibt es auch Dinkel- und Gerstengras. Genauso gesund, aber etwas andere Inhaltsstoffe.

Yaconsirup

Noch ein gesundes Süßungsmittel als Alternative zum Honig. Yacon ist eine Pflanze aus Südamerika und wird dort bereits seit Jahrhunderten als Nahrungs- und Heilpflanze verwendet. Aus der Wurzel können Sirup und Pulver als Süßungsmittel hergestellt werden. Da die Yaconwurzel einen hohen Anteil an süß schmeckenden löslichen Ballaststoffen hat, erhöht Yacon weder den Blutzuckerspiegel noch das Gewicht. Somit ist Yacon für Diabetiker geeignet, fördert die Darmgesundheit, hilft beim Abnehmen und enthält obendrein noch Mineralstoffe.

Yaconsirup schmeckt ähnlich wie Honig und ist etwas dünnflüssiger. Ich benutze ihn bei der Schokoladenherstellung, da er zum einen besser als Honig in der Schokolade schmeckt, bedeutend gesünder ist und anders als Honig keine Fäden in der Schokolade zieht. Erhältlich im Internet, im Reformhaus und Bio-Laden.

Xylit (Birkenzucker, Xucker)

Nicht nur aus der Zuckerrübe lässt sich Zucker herstellen, sondern auch aus Holzrinden. Xylit, auch Birkenzucker genannt, ist bereits seit mehr als 100 Jahren bekannt. Anders als der Name es vermuten lässt, wird Birkenzucker nicht nur aus Birkenrinden, sondern auch aus Buchenrinden und Mais hergestellt. Bereits um 1890 isolierte der französische Chemiker Bertrand sogar einen Xylitsirup aus Getreidehalmen. Xylit kommt in der Natur in vielen Früchten, Gemüse, Getreide und Bäumen vor. Auch der Mensch produziert in der Leber täglich zwischen 5-15 g Xylit. Somit ist Xylit für den Körper kein Fremdstoff und kann im Normalfall gut verwertet werden.

Trotz aller Natürlichkeit ist es ein sogenannter Zuckeraustauschstoff, der bei übermäßigen Verzehr abführend wirken kann. Die Faustregel lautet 0,5 g Xylit pro kg Körpergewicht täglich sollte am Anfang nicht überschritten werden. Ist der Körper an Xylit gewöhnt, sind auch 150 g am Tag kein Problem. Das sind im Übrigen auch die einzigen eventuellen Nebenwirkungen und deshalb folgt Xylit dem Stevia als gesundes Süßungsmittel. Wir hatten von Anfang an keine Probleme und könnten ohne ihn gar nicht mehr leben. Xylit ist das einzige Süßungsmittel, das sich eins zu eins mit Zucker austauschen lässt, genauso aussieht und vor allem haargenau gleich schmeckt.

Aber nun erst einmal zu den gesundheitlichen Vorteilen. Xylit wirkt sich kaum auf den Blutzuckerspiegel aus, so dass er für Diabetiker geeignet ist. Zudem hat er 40% weniger Kalorien und ist vor allem ein basisches Süßungsmittel. Und jetzt kommt der Hammer, Xylit ist ein sehr wirksames Mittel gegen Karies, so dass er auch in Zahnpasta verwendet wird. Sie können nach dem Essen einen Teelöffel Xylit in den Mund nehmen, eine Minute damit spülen (durch den Speichel löst er sich gleich auf) und danach wieder ausspucken oder einfach runterschlucken. Kariesbakterien und Plaque werden so beseitigt und die Produktion von zahnschädigenden Säuren gestoppt. Für unterwegs oder für abends auf dem Sofa können Sie sich Xylitbonbons machen (Rezept im Buch enthalten). Wichtig zu erwähnen ist noch, dass er für Hunde (liegt am Insulinspiegel) tödlich ist, während Katzen ihn problemlos vertragen, so dass er sogar Katzenzähne pflegen kann.

Xylit bekommen Sie auch unter dem Namen Birkenzucker im Internet, Reformhaus, Bio-Laden und Drogerie. In Online-Supermärkten hat er auch schon Einzug gehalten, deswegen wird er bestimmt schon bald im Supermarkt zu finden sein. Xylit ist genauso wie normaler Haushaltszucker zum Backen, Kochen und in der kalten Küche geeignet, mit zwei Ausnahmen, er karamellisiert nicht und für Hefeteige darf er auch nicht verwendet werden. Der Grund ist einfach, Xylit tötet nicht nur Kariesbakterien, sondern auch Hefebakterien.

Wie komme ich denn nun zum Ziel?

Keine Angst, ganz einfach Schritt für Schritt!

Einen ganz großen Schritt haben Sie bereits getan, wenn Sie bei diesem Kapitel angekommen sind. Wieso? Weil Sie jetzt Bescheid wissen. Sie sind rundherum bestens informiert. Und wenn Sie etwas vergessen haben, blättern Sie kurz nach. Kein Problem.

Sie sind nicht auf sich allein gestellt. Sie haben sich ein umfangreiches Wissen angeeignet, mit dem Sie eine ganze Menge anfangen können. Natürlich habe ich Ihnen in diesem Kapitel einen Leitfaden aufgestellt, an dem Sie sich orientieren können. Sie werden ganz schnell merken, wie Sie mit wenigen einfachen Veränderungen große Ergebnisse erzielen.

Und was passiert dann? Ihnen wird es plötzlich bessergehen, obwohl Sie gar nicht so viel verändert haben. Und was werden Sie dann tun? Sie erweitern und verändern Ihre Ernährung wieder ein kleines bisschen. Sie müssen nichts übers Knie brechen, weil so schnell so viel passiert. Registrieren Sie die körperlichen Veränderungen, freuen Sie sich. Von ganz alleine werden Sie Lust auf den nächsten Schritt haben.

Und warum werden Sie Lust auf den nächsten Schritt haben? Warum sagen Sie sich dann nicht, das reicht doch so? Weil Sie dermaßen erstaunt sein werden, alles bisher gedachte über Bord werfen und ihr Ehrgeiz gepackt sein wird.

Ich habe Ihnen nachfolgend eine Orientierungshilfe geschaffen. Ich habe das Ganze so aufgebaut, dass es für jeden geeignet ist, egal mit welcher Ausgangsposition begonnen wird. Wenn die ersten Punkte bei Ihnen schon normal sind, überspringen Sie sie einfach. Wenn nicht, fangen Sie von vorne an. An dieser Stelle möchte ich noch einmal sagen, ich empfehle nur das, was mein Andreas und ich selber sehr erfolgreich praktiziert haben und praktizieren. Es gibt selbstverständlich auch andere Wege, aber hier kommt nun unser Weg!

Der Weg zum Ziel

Wasser

- Trinken Sie täglich 1,5 – 2 Liter **stilles** Mineral- oder Heilwasser, achten Sie beim Kauf auf einen hohen Gehalt an Hydrogencarbonat.

Kohlensäurehaltige Getränke

- Sollte es bei Ihnen Cola oder andere kohlensäurehaltigen Getränke geben, schrauben Sie die Flaschen auf und schütten Sie sie weg!

Säfte

- Apfelsaft, Orangensaft und andere Säfte können Sie austrinken, aber kaufen Sie bloß keine neuen (Fruchtzucker ist nur in Ordnung, wenn er sich in einer Frucht befindet, die man isst oder selber ausgepresst hat). Egal ob Saftkonzentrat oder Direktsaft, welcher natürliche unbehandelte Saft ist wohl monatelang in der Flasche oder Pappverpackung haltbar?

Kaffee

- Wenn Sie Kaffeetrinker sind, beschränken Sie Ihren Konsum auf zwei Tassen täglich (dazu gehört auch Espresso, Cappuccino etc.) oder stellen Sie langsam auf Lupinenkaffee um. Sie werden allerdings Entzugserscheinungen haben, die aber schnell vorübergehen. Lupinenkaffee hat kein Suchtpotenzial.

Tee

- Wenn Sie Teetrinker sind, dann nur Kräutertee und keinen schwarzen oder Früchtetee. Empfehlenswert ist Ingwer- oder Basentee.

Alkohol

- Trinken Sie so wenig Alkohol wie möglich, höchstens jedoch zweimal die Woche in überschaubaren Mengen.

Obst

- Essen Sie jeden Tag 400-500 g frisches Obst (das ist schnell erreicht, Obst hat viel Gewicht), aber immer nur auf nüchternen Magen und nicht mit anderen Lebensmitteln zusammen. Das geht entweder morgens ganz prima, oder mindestens zwei Stunden nach dem Mittagessen. Ernähren Sie sich aber nicht ausschließlich von Obst, das würde Mangelerscheinungen hervorrufen und wäre außerdem viel zu viel Fruchtzucker. Bananen und Melonen zum Beispiel enthalten wenig Fruchtzucker und Äpfel unwahrscheinlich viel. Es ist also nicht so, dass nur das süße Obst reich an Fruchtzucker ist.

Gemüse

- Essen Sie jeden Tag reichlich Gemüse, da gibt es im Gegensatz zum Obst keine Beschränkung, da Gemüse bei weitem nicht so viel Fruchtzucker enthält. Einige Gemüsesorten lassen sich prima roh essen (Tomaten, Gurken, Radieschen), andere sind im Salat mit Vinaigrette besser aufgehoben (Mohrrüben, Kohlrabi, Zwiebeln) und andere wiederum fürs Kochen (Fenchel, Blumenkohl, Brokkoli).

Säuren nie allein

- Essen Sie zu jedem säurebildenden Lebensmittel auch basische (zum Frühstücksbrötchen passt gut Tomate und Gurke, zum Mittag Gemüse oder/und Kartoffeln, zum Abendbrot Salat).

Fleisch

- Reduzieren Sie Ihren Fleischkonsum auf ein Minimum. Fangen Sie mit einmal die Woche an und steigern Sie langsam. Wir essen sogar heute noch ab und zu Fleisch, aber höchstens alle sechs Wochen einmal ein kleines Stück und öfters wollen wir auch gar nicht mehr.

Fisch

- Essen Sie statt Fleisch zum Mittag lieber Fisch, aber auch nur einmal die Woche.

Wurst

- Reduzieren Sie Ihren Wurstkonsum. Fangen Sie auch hier langsam an und steigern Sie. Außer alle drei Wochen ein dünnes Scheibchen mageren Schinken mögen wir keine Wurst mehr. Gerade der Fleisch- und Wurstverzicht hat sich extrem positiv auf die Gesundheit ausgewirkt.

Milch- und Milchprodukte

- Reduzieren Sie unbedingt Ihren Konsum an Milch- und Milchprodukten. Milch, Joghurt, Kefir, Quark und Co. bringen nur gesundheitliche Nachteile. Wir haben diese Dinge früher viel gegessen, weil wir dachten, wir tun uns was Gutes. Wenn wir heute Quark essen, bekommen wir Magenschmerzen. Das einzige, was wir von diesen Produkten noch essen und vertragen, ist der Käse, aber sehr wenig.
  Sahne ist genauso wie Butter neutral und deswegen in überschaubaren Mengen absolut in Ordnung. Alles wofür ich früher Milch benötigte, habe ich mit Sahne, die ich mit Wasser verdünne, ersetzt.
  In Reformhäusern, Bio-Läden und sogar Drogerien finden sich schon jede Menge veganer Milch- und Milchprodukte. Vorsicht ist bei den Sojaprodukten geboten. Diese sollten nur hochwertig fermentiert und in kleinen Mengen verzehrt werden. Im Übrigen, wer sich von einer Hafer-, Mandel- oder Kokosmilch ein Pendant zur Kuhmilch vorstellt, den muss ich enttäuschen. Deshalb nehme ich halt immer Sahne, die ich verdünne, allerdings nicht zum Trinken, sondern zum Backen oder Kochen.
  Das trinken von Milch sollte sich auf die Muttermilch für Babys beschränken, so wie die Kuhmilch auf die Bedürfnisse der Kälber abgestimmt ist.

Fertigprodukte

- Essen Sie keine Fertigprodukte mehr, erst recht nicht welche mit Geschmacksverstärkern.

Süßigkeiten

- Essen Sie so wenig Süßigkeiten wie es geht und kaufen Sie welche mit gesunden Süßungsmitteln und gesunden Fetten. Das Schlimme ist der Zucker und die schlechten Fette. Bei den salzigen Sachen, wie Chips, sind neben den schlechten Fetten auch die Geschmacksverstärker sehr gesundheitsgefährdend.
  Wenn Sie auf Süßes und Salziges nicht verzichten können, machen Sie sich Ihre Süßigkeiten selber (Ideen finden Sie bei den Rezepten) und Sie können jeden Tag welche essen.

Kuchen

- Essen Sie so wenig wie möglich Torten, Kuchen, Croissants, Hefeteilchen etc., höchstens jedoch zweimal die Woche und nur mit einem Salat extra an dem Tag.
  Wenn Sie zu den Süßen gehören, wie mein Mann und ich, backen Sie selber (Ideen finden Sie bei den Rezepten) und sie können wenigstens viermal die Woche Kuchen essen, ohne extra Salat.

Gute Säurebildner

- Integrieren Sie zunehmend mehr gute Säurebildner in Ihre Ernährung.

Nussmischung

- Essen Sie täglich Nüsse und vor allem Mandeln, da diese basisch sind. Kaufen Sie sich verschiedene Sorten von guter Qualität, die Sie mit Gojibeeren vermischen können. So eine Nussmischung ist ganz tolle gesunde Knabberei für abends beim Fernsehen.
  Sie können die Nüsse und Mandeln je nach Sorte ein paar Stunden einweichen, abspülen, abtrocknen und durchtrocknen lassen. Das Ganze hat den Effekt, dass sich ein Teil der in diesen Produkten enthaltenen Phytinsäure abbaut, diese besser verstoffwechselt werden und sie nicht mehr so hart sind. Dieser Vorschlag ist aber kein Muss, man kann sie auch uneingeweicht essen, allerdings ist die Mineralstoffaufnahme im Körper geringer.

Weizen

- Trennen Sie sich von allen Produkten, die aus Weizen bestehen und steigen Sie zum Beispiel auf Dinkel um, denn Dinkel ist sehr gesund. Die Auswahl in den Supermärkten wird schon immer größer. Im Internet finden sich oft Bäcker mit einem sehr guten speziellen Sortiment und qualitativ hochwertiger Ware. Vielleicht gehören Sie auch zu denen, die einen guten Biobäcker in der Nähe haben, der Dinkel im Programm hat. Aber Vorsicht, Bio bedeutet nicht, dass alles gesund ist. Die meisten Biobäcker haben sehr viele Weizenprodukte, weil sich damit nun einmal am einfachsten backen lässt.
  Dinkel enthält auch Gluten, daher ist glutenfreies Brot natürlich auch eine gute Alternative, allerdings ist es hier wichtig, auf die weiteren Inhaltsstoffe zu achten (ich hatte Ihnen das mit dem Gluten ja erklärt).
  Brot aus Keimlingen ist das gesundheitliche Highlight, denn es ist basisch, allerdings schwer zu bekommen. Auch wenn es verwirrend ist, Brot aus gekeimten Getreide ist basisch aber nicht automatisch glutenfrei. Herkömmliche Getreide wie Weizen, Roggen, Gerste, Dinkel oder Emmer enthalten Gluten. Glutenfreie Getreide sind zum Beispiel Hirse, Buchweizen, Mais, Reis, Amaranth oder Quinoa.
  Natürlich haben Sie auch die Möglichkeit selber zu backen, deswegen habe ich Ihnen ein Brot- und ein Brötchenrezept mit aufgeführt. Beide sind sehr aufwendig, aber es lohnt sich!

Sango Meeres Koralle + Weizengraspulver

- Spätestens jetzt ist der Zeitpunkt gekommen, sich die Sango Meeres Koralle und das Weizengraspulver zu besorgen. Selbstverständlich kann man das auch schon eher tun, aber nie mit der Tagesdosis beginnen, sondern langsam steigern, denn Sie werden viele Säuren/Schlacken und Gifte ausscheiden. Diese Produkte sind sehr hilfreich dabei, aber deswegen darf man es zu Anfang nicht übertreiben, sonst weiß der ganze Müll auf die Schnelle nicht, wo er hinsoll.

Basische Körperpflege

- Genauso verhält es sich mit der basischen Körperpflege, denn nun sollten saure Pflegeprodukte nicht mehr in Ihr Leben gehören, da diese in Bezug auf die Ernährung absolut kontraproduktiv sind.

Kontrollcheck

- Jetzt ist der Zeitpunkt gekommen, komplett auf Lupinenkaffee umzusteigen oder ganz auf Kaffee zu verzichten.
- Ihren Alkoholkonsum in überschaubaren Mengen sollten Sie nun auf einmal die Woche beschränken.
- Wie steht es mit Fleisch, Wurst, Milch, Joghurt und Käse? Schon gut reduziert, oder geht da noch was?
- Sie essen doch nicht etwa noch Fertigprodukte?
- Wie sieht es bei den Süßigkeiten und dem Kuchen aus? Machen Sie schon alles selbst? Denken Sie immer daran, Ihr Bäcker backt vielleicht mit Dinkel, aber nicht mit Xylit.
- Überprüfen Sie, ob Sie dreimal so viel basische wie gute säurebildende Lebensmittel essen!

Basisches Frühstück

- Vormittags ist der Körper sehr mit der Ausleitung der Stoffwechselrückstände, die bei der nächtlichen Verdauungs-, Entgiftungs- und Entsäuerungsarbeit angefallen sind, beschäftigt. Diesen Vorgang stört man mit einem normalen Frühstück erheblich. Besser ist deswegen ein basisches oder überwiegend basisches Frühstück. Menschen die morgens nichts essen (natürlich auch kein Kaffee trinken) sind besser dran, als diejenigen mit Brötchen oder auch Müsli. Müsli ist gesund, aber eben nicht basisch. Unser Frühstück sieht folgendermaßen aus: Kräutertee, frisches Obst je nach Saison unterschiedlich und ein Mixgetränk. Das Getränk für zwei Personen besteht aus einer Banane, 20 g Lupinenprotein, 10 g Erdmandel- oder Mandelmehl, 50 g Haferflocken und 10 Tropfen Stevia. Das Ganze kommt in einen Mixbecher, wird mit Wasser aufgefüllt und püriert. Die

Umstellung auf dieses fast basische Frühstück (Haferflocken sind gute Säurebildner) ging dermaßen schnell und gut, dass wir super erstaunt waren. Auch viel unkomplizierter als diese ganze Kaffee, Brötchen und natürlich Gemüse Geschichte. Unser Brötchenfrühstück machen wir nun zweimal die Woche mittags, statt Mittagessen. Spart dann auch gleich wieder das Kochen.

Dieser Vorschlag ist kein Muss, deswegen steht er auch ganz am Ende. Auf jeden Fall ist er eine große Hilfe und könnte auch gleich von Anfang an praktiziert werden. Im Übrigen reduziert sich der Wurst- und Käsekonsum so von ganz allein.

So, nun haben Sie es geschafft, jetzt kommen nur noch die Rezepte. Der Rest liegt nun bei Ihnen. Wir wünschen Ihnen viel Erfolg und vor allem wünschen Andreas und ich Ihnen eine gute Gesundheit.

Die Gesundheit ist das Wichtigste im Leben, auch wenn das ein ziemlich abgedroschener Satz ist. Bereits eine simple Magen- und Darmerkrankung kann einen schnell mal einen halben Urlaub verderben, auf den man sich ein ganzes Jahr gefreut hat. Ohne Gesundheit ist **alles nichts,** das sollte man sich immer vor Augen führen, denn die richtigen Krankheiten verderben nicht nur einen Urlaub, sondern das ganze Leben.

Deswegen drücken wir Ihnen ganz fest die Daumen und hoffen, Sie ausreichend aufgeklärt zu haben. Nach den Rezepten sind noch einmal die Tabellen und Listen nacheinander aufgeführt, damit Sie immer alles schnell zur Hand haben.

Wer will gute Brötchen backen?

Mein Brötchen- und Brotrezept sind aus dem Grund aufwendig, weil ich grundsätzlich bei Brötchen und Brot eine lange Teigführung mache. Von einer langen Teigführung spricht man bei Sauerteigen, Kochstücken, Vorteigen und langen Gehzeiten. Nun muss erst einmal die Frage geklärt werden, warum mache ich denn so einen Zirkus? Ganz einfach, wegen der Gesundheit und dem Geschmack.

Die in Getreide, Hülsenfrüchten, Nüssen und Ölsaaten enthaltene Phytinsäure verringert die Verwertbarkeit von Mineralstoffen im Körper. Phytinsäure lässt sich durch folgende Arten abbauen:

- Verwendung von Sauerteigen
- lange Quellzeiten von Korn oder Mehl
- Einweichen (z.B. Nüsse, Reis, Hirse, Bohnen) und Einweichwasser wegschütten.

Durch das Benutzen von Hefe beim Backen oder bei Reis zum Beispiel durch das Kochen im Wasser lässt sich die Phytinsäure **nicht** abbauen.

Jetzt erkläre ich Ihnen erst einmal, was ein Kochstück ist. Ein Kochstück besteht aus Mehl, kochendem Wasser und Salz. Durch das Verkleistern der Stärke entsteht ein Brei, der gut abkühlen muss und dann zum Teig gegeben wird. Er sorgt für eine feuchte und elastische Krume (Teiginnere) und für eine längere Frischhaltung. Des Weiteren bekommen die Brötchen oder das Brot eine malzig-süße Note.

Geschmacklich gute Brötchen oder Brot brauchen nicht nur einen Sauerteig und ein Kochstück, sondern vor allem Zeit. Der Teig braucht die Zeit für die Geschmacksentwicklung und das Abbauen der Phytinsäure. Die Mineralstoffaufnahme im Körper wird so verbessert und die Fermentierung (=Sauerteig) sorgt für eine bessere Verdaulichkeit und Proteinqualität. Mittlerweile wurde sogar nachgewiesen, dass Menschen mit einer Glutenunverträglichkeit **echtes** Sauerteigbrot vertragen, trotz glutenhaltigem Mehl.

Ein Bäcker mit echtem Sauerteig statt einem Säuerungsmittel und einer langen Teigführung ist mehr wie selten. Von Kochstücken wollen wir erst gar nicht reden.

Für den Geschmack und für die Frischhaltung gibt es einfachere Möglichkeiten (Malzextrakt, Stabilisierungs- und Frischhaltemittel) und für Ihre Gesundheit interessiert sich kaum ein Bäcker und erst recht keine Backstation im Supermarkt.

Nun kennen Sie die Gründe für mein aufwendiges Backen. Ich benutze für die Brötchen nur Dinkelmehl 1050 und für das Brot kommen noch Dinkelvollkornmehl, Roggenmehl und Lupinenmehl mit dazu. Bei den Brötchen mache ich einen Dinkelsauerteig 1050 und nehme zusätzlich noch Hefe. Beim Brot hat sich der Roggensauerteig bewährt. Geschmacklich wäre kein Unterschied zu einem Dinkelvollkornsauerteig, allerdings ist das Brot schneller trocken. Dinkel neigt zum Trockenbacken, weshalb außerdem ein Kochstück besonders bei Dinkel sehr von Vorteil ist.

Das Dinkelgluten unterscheidet sich vom Weizengluten, da jedes Getreide sein artspezifisches hat. Als Folge davon laufen Dinkelteige schnell auseinander und sind deshalb in einer Form besser aufgehoben. Auf dem Bild von den Brötchen sehen Sie eine Baguettebackform. Würde ich die nicht benutzen, hätte ich keine Brötchen, sondern Fladenbrote. Das Brot kommt selbstverständlich auch in eine Kastenform.

Anleitung Sauerteig

Es gibt Sauerteigextrakt sogar schon in der Drogerie zu kaufen. Erfahrungen habe ich damit keine, da es sehr einfach ist, sich seinen Sauerteig selber herzustellen. Ein Sauerteig lässt sich mit jedem Mehl herstellen.

Nehmen wir jetzt das Brötchenrezept, wofür wir einen Dinkel-1050-Sauerteig brauchen. Sie nehmen 60 g Dinkelmehl 1050 und 60 ml warmes Wasser. Das verrühren Sie am besten mit einer Gabel und lassen das Ganze zugedeckt 24 Stunden bei Zimmertemperatur stehen (nicht in den Kühlschrank stellen). Am nächsten Tag fügen Sie wieder 60 g Dinkelmehl 1050 und 60 ml warmes Wasser hinzu, verrühren und 24 Stunden zugedeckt stehen lassen. Am dritten Tag geben sie 120 g Dinkelmehl 1050 und 120 ml warmes Wasser hinzu, verrühren und noch einmal 24 Stunden zugedeckt stehen lassen. Am vierten Tag ist es soweit, Sie haben jetzt 480 g fertigen Sauerteig.

Für die Brötchen benötigen Sie 400 g Sauerteig. Den Rest können Sie in ein Gläschen geben, zuschrauben und in den Kühlschrank stellen. Diese vier-Tage-Aktion machen Sie nämlich nur ein einziges Mal.

Diese 80 g Sauerteigansatz halten zu Anfang zwei Wochen im Kühlschrank, später länger. Wenn Sie das nächste Mal Brötchen backen, nehmen Sie 200 g Dinkelmehl 1050 und 200 ml warmes Wasser und diese 80 g. Das verrühren Sie alles zusammen und lassen das Ganze 24 Stunden zugedeckt bei Zimmertemperatur stehen. Bevor Sie anfangen zu backen, rühren Sie Ihren Sauerteig um und füllen wieder 80 g davon in ein Gläschen. Ab in den Kühlschrank für das nächste Mal.

Der Sauerteigansatz wird mit der Zeit immer besser. Dadurch bekommt der Sauerteig immer mehr Aroma und entwickelt immer mehr Triebkraft. Auch die Haltbarkeit vom Sauerteigansatz im Kühlschrank verlängert sich auf 4-6 Wochen. Da die Wenigsten Zeit haben zu Anfang alle zwei Wochen Brötchen zu backen, können Sie folgendes tun: Sie nehmen 100 g Dinkelmehl 1050 und 100 ml warmes Wasser und verrühren das mit Ihrem Gläschen. 24 Stunden zugedeckt stehen lassen und am nächsten Tag Ihre 80 g abfüllen. Den Rest müssen Sie leider wegschmeißen, aber es sind ja so gesehen nur 100 g Mehl. Ihr Gläschen hat so einen neuen Durchgang bekommen und die Haltbarkeit verlängert sich schnell.

Nun zum Roggensauerteig für das Gersterbrot. Sie machen alles genauso wie eben beschrieben, mit dem Unterschied, dass Sie Roggenmehl Type 1150 nehmen. Die Mehl- und Wassermenge beträgt am ersten und zweiten Tag je 135 g/ml und am dritten Tag 270 g/ml. Am vierten Tag haben Sie 1080 g fertigen Roggensauerteig. Für das Gersterbrot benötigen sie 1000 g und den Rest wieder für das Gläschen.

Anleitung Kochstück

Wir fangen wieder mit dem Brötchenrezept an. In einen Kochtopf geben Sie 400 ml Wasser, 90 g Dinkelmehl 1050 und 12 g Salz. Dies verrühren Sie mit einem Schneebesen und lassen es unter ständigem Rühren langsam erhitzen. Kurz bevor die Masse anfängt zu kochen, verringern Sie die Temperatur. Diesen Vorgang nennt man „simmern“, ein Garen knapp unter dem Siedepunkt.

Die Masse wird immer fester, es wird weiter kräftig gerührt und die Temperatur ständig verringert. Das Kochstück ist nach ca. 7-8 Minuten fertig und am Ende eine breiige Masse. Diese lassen Sie nun zugedeckt am besten über Nacht bei Zimmertemperatur stehen. Ich mache das Kochstück immer am Vorabend, wenn ich am nächsten Vormittag backen will.

Das Kochstück für das Gersterbrot wird auf dieselbe Art hergestellt, natürlich mit den Zutaten, die im Rezept stehen.

Nun sind Sie bestens vorbereitet und ich wünsche Ihnen gutes Gelingen.

Wichtige Hinweise:

Ich benutze ausschließlich Himalayasalz, habe in den Rezepten aber immer nur Salz geschrieben. Wenn Sie noch kein Himalayasalz besitzen, können Sie die Rezepte auch mit normalem Salz in derselben Menge machen.

Den Xylit (=Birkenzucker) bezeichne ich in meinen Rezepten immer als „Xucker", weil es einfach schöner klingt.

Tipp: Der „Puderxucker" ist oftmals nicht aus Xylit hergestellt, sondern aus Erythrit. Der echte „Xylit Puderxucker" ist sehr selten zu bekommen und noch teurer als der normale Xylit. Ich mahle mir deswegen den Xylit immer selber in der Kaffeemühle, so habe ich meinen Puderxucker preiswerter!

Helle Brötchen

Zutaten für 18 Stück

400 g Dinkel-1050-Sauerteig

Kochstück:
400 ml Wasser
90 g Dinkelmehl 1050
12 g Salz
Vorteig:
Sauerteig (denken Sie daran vorher 80 g in Ihr Gläschen zu tun!)
150 g Dinkelmehl 1050
Hauptteig:
Vorteig
Kochstück
1 Würfel Hefe in 25 ml Wasser auflösen
25 g Kokosblütensirup
510 g Dinkelmehl 1050
15 g Kokosfett

Anleitungen

Sauerteig 24 Stunden und Kochstück 8-18 Stunden vor dem Backen herstellen (genaue Anleitung Kapitel „Wer will gute Brötchen backen?“). Den Sauerteig am besten gleich in einer Hefeteigschüssel anrühren.

Der Vorteig wird am Backtag hergestellt. Dazu kommt zu dem Sauerteig, von dem man vorher sein Gläschen abgetan hat, 150 g Dinkelmehl 1050. Das Ganze wird mit einer Gabel verrührt und muss 2 Stunden bei Zimmertemperatur zugedeckt gehen.

Nun wird der Hauptteig hergestellt. Da alles mit der Hand vermengt und verknetet wird ist es ratsam, sich vorher Einweghandschuhe anzuziehen. Nehmen Sie bloß keinen Mixer, denn Sie backen mit Dinkel und nicht mit Weizen. Dinkelteige sind empfindlicher und würden durch die Knethaken zerstört werden. Zu dem Vorteig wird das Kochstück gegeben und mit einem Teigschaber vermengt. Danach werden das Hefegemisch und der Kokosblütensirup untergerührt. Nun wird das restliche Mehl untergeknetet. Am Anfang hat man immer das Gefühl, es wäre zu viel Mehl, aber immer schön mit dem Teigschaber als Hilfe weiterkneten. Wichtig ist noch, dass Dinkelteige immer von außen nach innen geknetet werden. Sie fahren mit dem Teigschaber unter den äußeren Rand und schlagen den Teig zur Mitte ein. Immer im Kreis, bis alles Mehl gut untergeknetet ist. Der Teig klebt am Ende und das ist ganz normal. Sie werden in Ihrer Schüssel eine klebrige Masse haben und keinen homogenen Teig.

Jetzt lassen Sie den Teig 30 Minuten an einem warmen Ort gehen. Ich erwärme vorher meinen Backofen auf 50°C Ober-Unterhitze und stelle ihn wieder aus. In diese Restwärme kommt die geschlossene Hefeteigschüssel. Jetzt können Sie schon einmal Ihr Kokosfett flüssigmachen, dann ist es nicht zu heiß, wenn es an den Teig kommt.

Sie können nun Ihren Teig aus dem Ofen nehmen, der jetzt gut gegangen sein müsste. Bevor Sie ihn kneten, gießen Sie zuerst das Kokosfett darüber. Der Teig klebt jetzt nicht mehr so wie am Anfang, aber immer noch genug, dass Sie auf das Kokosfett angewiesen sind. Ohne dieses könnten Sie keine Brötchen formen, zumindest keine, an denen nicht ein Einweghandschuh klebt.

Wenn Sie das Fett untergeknetet haben, wiegen Sie sich 9 Teighaufen zu je 90 g ab. Diese kneten Sie wie eben von außen nach innen im Kreis und schon haben Sie Ihre Brötchen, die Sie sofort nach dem Kneten auf eine Baguettebackform legen. Es gibt auch spezielle Brötchenbackformen, allerdings lässt sich in der Baguettebackform halt auch schönes Baguette backen. Die Teiglinge mit einem Geschirrhandtuch abdecken und bei Zimmertemperatur gehen lassen, bis sie doppelt so groß sind. Dauert ca. 30 Minuten. In der Zeit machen Sie Ihre zweite Hälfte Brötchen und heizen den Backofen schon mal auf 240°C Ober-Unterhitze vor.

Wenn die ersten Brötchen fertig sind, schneiden Sie den Teig mit einem sehr scharfen Messer obendrauf ein und geben die Brötchen sofort in den heißen Backofen. Ganz wichtig ist, dass die Baguettebackform auf einen Rost und nicht auf ein Blech kommt. Im Backofen nehmen Sie die unterste Schiene. **Keine** Schale mit Wasser hineinstellen, wie man das aus vielen Rezepten so kennt.

Sie backen die Brötchen 15 Minuten und können sie 2 Minuten vor Ende der Backzeit mit Wasser besprühen. Dabei entsteht der typische Brotglanz. Am besten geht das mit einer Blumenspritze, aber zügig muss es gehen. Tür auf, sprühen, Tür zu.

Fertig! Auskühlen lassen und entweder alle 18 gleich aufessen oder welche einfrieren. Die Eingefrorenen braucht man nur 1-2 Stunden auftauen und auf einem Toaster mit Brötchenaufsatz kurz toasten.

Die Cracks unter Ihnen, die schon hundertmal Brötchen gebacken haben, werden die Anleitungen natürlich zu übertrieben finden. Ich möchte aber, dass sogar ungeübte Bäcker diese Brötchen nachbacken können. Keiner hat etwas von einem schönen Rezept, welches nur für einen Profi geeignet ist.

Gersterbrot

Zutaten für 2 Brote

1000 g Roggensauerteig

Kochstück:
675 ml Wasser
150 g Dinkelvollkornmehl
10 g Salz

Hauptteig:
10 g Salz
25 g Kokosblütensirup
100 g Lupinenmehl
200 g Dinkelvollkornmehl
400 g Dinkelmehl 1050

Anleitungen

Sauerteig 24 Stunden und Kochstück 8-18 Stunden vor dem Backen herstellen (genaue Anleitung Kapitel „Wer will gute Brötchen backen?"). Den Brotteig knete ich nicht mit der Hand, sondern mit einer großen Küchenmaschine. Dementsprechend setze ich den Sauerteig gleich in der Rührschüssel an.

Für den Hauptteig geben Sie das Kochstück zum Sauerteig (an das Gläschen denken!) und fügen gleich Salz und Kokosblütensirup dazu. Das Ganze gut verrühren und erst das Lupinenmehl und danach das Dinkelvollkornmehl unterrühren. Das Dinkelmehl 1050 wird untergeknetet. Wenn das Mehl gut verknetet ist, noch eine Minute weiterkneten, aber nicht länger. Einen Dinkelteig kann man schnell überkneten. Auch dieser Teig ist eine klebrige Masse, deswegen jetzt besser Einweghandschuhe anziehen.

Erwärmen Sie Ihren Backofen auf 50°C Ober-Unterhitze und stellen ihn wieder aus. Nun geben Sie den Teig in zwei große gefettete Königskuchenformen (30 cm). Sie müssen das mit Hilfe eines Teigschabers tun, da der Teig sehr klebt. Durch Wiegen können Sie feststellen, ob in beiden Formen dieselbe Menge ist. Nun verteilen Sie den Teig mit dem Teigschaber und glätten die Oberfläche mit der Hand, indem Sie Ihren Handschuh mit Wasser befeuchten.

Geben Sie die Formen auf einen Rost und decken sie mit einem Geschirrhandtuch ab. Der Teig muss nun mindestens 1 ½ Stunden im Ofen gehen. An dieser Stelle gleich eine Anmerkung: Mein Roggensauerteigansatz (das Gläschen) ist mittlerweile 10 Jahre alt. Dementsprechend groß ist die Triebkraft. Zu Anfang ist es völlig in Ordnung, etwas Hefe (20 g in 10 ml Wasser aufgelöst) zum Teig dazuzugeben. Sie merken das, von Mal zu Mal geht er besser. Wenn Sie Hefe dazutun wollen, ist die Gehzeit von 1 ½ Stunden zu lang. Ohne Hefe kann es durchaus länger sein. Genug gegangen ist der Teig, wenn er langsam über den Rand schaut. Deswegen immer kontrollieren, denn der Backofen braucht noch ca. 15 Minuten zum Vorheizen, und in der Zeit geht der Teig in der Küche weiter und soll nicht übergehen.

Backofen auf 240°C Ober-Unterhitze vorheizen. Der Rost kommt auf die zweite Schiene von unten. Bevor Sie die Brote reinschieben, wieder mit einem scharfen Messer längs einschneiden.

Die Brote werden erst 10 Minuten bei 240°C gebacken. Dann die Temperatur auf 200°C stellen und noch weitere 30 Minuten backen. Zwei Minuten vor Ende wieder besprühen, Sie kennen das ja bereits von den Brötchen.

Brote sofort aus der Form stürzen, wieder umdrehen und auf dem Rost gut abkühlen lassen.

Das Brot hält 3-4 Tage im Brotkasten. Selbstverständlich kann es auch gut eingefroren werden.

Das passt nicht nur aufs Brot

Curry-Linsenpaste

Mariniertes Lachsfilet

Lupinen-Frikadellen

Kräuterbutter

CURRY–LINSENPASTE

Zutaten

200 g rote Linsen
400 ml Wasser
1 ½ TL Salz
1-2 Schalotten
2 ½ TL Currypulver
1 TL Koriander
2 Prisen Kreuzkümmel
½ TL Pfeffer, 3 Prisen Cayennepfeffer
3 EL Olivenöl
frische Kräuter (z. B. Petersilie, Schnittlauch)

Anleitungen

Linsen im Salzwasser 10-12 Minuten zugedeckt köcheln, dabei gelegentlich umrühren. Nicht abgießen, der Rest Wasser zieht noch rein. Schalotten sehr klein schneiden und Kräuter fein hacken. Zutaten in der angegebenen Reihenfolge in die warmen Linsen rühren.

Die Paste lässt sich portionsweise wunderbar einfrieren.

MARINIERTES LACHSFILET

Zutaten für 2 Lachsfilets

1 EL Apfelessig
¼ TL Salz
¼ TL Xucker
½ TL Pfeffer
etwas Thymian getrocknet
2 ausgepresste Knoblauchzehen
3 EL Olivenöl
Fleur de Sel

Anleitungen

Erst Salz und Xucker im Essig auflösen, dann Pfeffer, Thymian und Knoblauch dazugeben. Mit einem Schneebesen das Öl nach und nach unterschlagen.

Lachsfilets waschen, trocken tupfen und in die Marinade geben. Einen Tag ziehen lassen und zwischendurch einmal wenden.

Lachsfilets vor dem Braten gut abtropfen lassen und in einer beschichteten Pfanne je 2 Minuten von beiden Seiten braten. Nach dem Braten mit Fleur de Sel salzen. Der Lachs eignet sich auch zum Grillen und kann selbstverständlich nach dem Braten gut eingefroren werden.

LUPINEN-FRIKADELLEN

Zutaten für 4 Stück

30 g Lupinenmehl
30 g Haferflocken
½ TL Salz
½ TL Pfeffer
1 TL gekörnte Gemüsebrühe
3 Prisen Kokosblütenzucker
2 TL Hanfsamen
1 Zwiebel
40 g Mohrrübe
50 ml Wasser
1 Ei
4 TL Ghee

Anleitungen

Zwiebel kleinschneiden und Mohrrübe mit einem Gemüsehobel grob raspeln.

Zuerst die trockenen Zutaten vermischen und dann den Rest dazugeben. Alles mit der Hand vermengen (Einweghandschuhe!).

2 TL Ghee in einer beschichteten Pfanne zerlassen. Die Masse mit einem Esslöffel portionsweise hineingeben, etwas flachdrücken und 4-5 Minuten bei mittlerer Hitze braten. Wenden, den Rest Ghee hineingeben und nochmals 4-5 Minuten braten.

Selbstverständlich auch gut zum Einfrieren geeignet.

KRÄUTERBUTTER

Zutaten

500 g weiche Butter
3-4 sehr klein geschnittene Schalotten
6 g Salz
1 ½ TL Pfeffer
2 gestrichene TL Xucker
2 TL Zitronensaft
jede Menge kleingehackte frische Kräuter (z. B. Petersilie, Basilikum, Thymian, Oregano, Schnittlauch, Estragon)

Anleitungen

Alle Zutaten in eine Schüssel geben und mit einer Gabel gut vermengen.

Wundern Sie sich nicht über die große Menge, denn die Kräuterbutter lässt sich hervorragend portionsweise einfrieren.

Salate

Tomatensalat

Kohlrabi-Möhren-Salat

Mohrrübensalat

Weißkrautsalat

TOMATENSALAT

Zutaten für 8 Portionen

1,2 kg nicht zu große Rispentomaten
4-5 Zwiebeln
3 EL naturtrüber Apfelessig
4 g Salz
3 TL Xucker
1 TL Kokosblütenzucker
1 ½ TL Pfeffer
5 EL Olivenöl
2 EL Leinöl
frischer Basilikum und Schnittlauch

Anleitungen

Salz und Xucker im Essig auflösen. Pfeffer dazugeben und das Öl nach und nach mit einem Schneebesen unterschlagen. Zwiebeln kleinschneiden, Kräuter fein hacken und beides dazugeben.

Damit das Innenleben der Tomate nicht lose im Salat schwimmt, müssen diese anders als normal geschnitten werden. Dazu drehen Sie die Tomate lediglich auf die Seite und schneiden die Scheiben ganz normal von oben nach unten. Den Strunk entfernen und dann die Scheiben vierteln. Zu den übrigen Zutaten geben, umrühren und mindestens 2 Stunden ziehen lassen.

Der Salat hält 4-5 Tage in einer Frischhalteschüssel mit Vakuumverschluss im Kühlschrank.

KOHLRABI-MÖHREN-SALAT

Zutaten 8 Portionen

2 Kohlrabi
500 g Möhren
2-3 Zwiebeln
4 EL naturtrüber Apfelessig
5 g Salz
2 ½ TL Kokosblütenzucker
1 ½ TL Xucker
1 TL Pfeffer
5 EL Hanföl
4 EL Olivenöl
2 EL Leinöl
frische Kräuter (z. B. Petersilie, Schnittlauch)

Anleitungen

Salz und Xucker im Essig auflösen. Pfeffer dazugeben und das Öl nach und nach mit einem Schneebesen unterschlagen. Zwiebeln kleinschneiden, Kräuter fein hacken und beides dazugeben.

Kohlrabi und Möhren schälen und mit einem Gemüsehobel raspeln. Beides zum Salat geben, gut umrühren und mindestens 3 Stunden ziehen lassen.

Der Salat hält 5 Tage in einer Frischhalteschüssel mit Vakuumverschluss im Kühlschrank.

MOHRRÜBENSALAT

Zutaten für 10 Portionen

1 kg Mohrrüben
2 Äpfel
10 EL Zitronensaft (ca. 2 Zitronen)
½ TL Salz
3 TL Xucker
2 TL Kokosblütensirup
40 Tropfen Stevia flüssig
16 EL Leinöl

Anleitungen

Salz und Xucker im Zitronensaft auflösen und danach Kokosblütensirup und Stevia dazugeben. Das Öl nach und nach mit einem Schneebesen unterschlagen. Möhren und Äpfel schälen und mit einem Gemüsehobel raspeln. In die Vinaigrette geben, gut umrühren und mindestens 3 Stunden ziehen lassen.

Der Salat hält 4 Tage in einer Frischhalteschüssel mit Vakuumverschluss im Kühlschrank und kann sogar eingefroren werden. Sicherlich ist er nicht mehr ganz so wie frisch, aber trotzdem noch wunderbar zu genießen.

WEISSKRAUTSALAT

Zutaten für 15 Portionen

1,4 kg Weißkohl (brutto)
2 Zwiebeln
95 ml naturtrüber Apfelessig
12 g Salz
40 g Xucker
15 g Kokosblütenzucker
3 TL Pfeffer
2 TL Senf
25 ml Leinöl
25 ml Hanföl
45 ml Olivenöl

Anleitungen
Salz und Xucker im Essig auflösen. Erst Pfeffer und Senf dazugeben und dann das Öl nach und nach mit einem Schneebesen unterschlagen. Zwiebeln kleinschneiden und in die Vinaigrette geben.

Weißkohl vierteln und mit einem Gemüsehobel raspeln. Nicht zu grob, sonst ist der Kohl am Ende im Salat zu hart. Außerdem zieht bei einem etwas kleiner geraspelten Kohl die Vinaigrette besser ein. Auf jeden Fall müssen Sie nach dem Raspeln 850 g an Kohlmenge haben. Zur Vinaigrette geben, gut umrühren und einen Tag ziehen lassen.

Der Salat hält 5 Tage in einer Frischhalteschüssel mit Vakuumverschluss im Kühlschrank. Auch dieser Salat eignet sich perfekt zum Einfrieren. Einfach portionsweise in Gefrierdosen geben und bei Bedarf über Nacht im Kühlschrank wieder auftauen. Sicherlich ist er nicht mehr ganz so wie frisch, aber trotzdem noch wunderbar zu genießen.

Vorbereitungen für das Mittagessen

Paprika-Pfannen-gemüse

Tomatencreme-Sauce

Kohlrabigemüse

Pilz-Sahne-Sauce

Ghee flüssig

Ghee fest

Bei den nun folgenden Gerichten möchte ich darauf hinweisen, dass frisches Gemüse oder Pilze roh immer gesünder sind, als wenn sie gekocht werden. Nicht nur wegen den Mineralstoffen und Vitaminen, sondern auch wegen den Nahrungsenzymen, die ab 42°C abgetötet werden. Die Mineralstoffe sind nicht hitzeempfindlich aber wasserlöslich, wie die meisten Vitamine, deswegen ist es gut immer so zu kochen, dass das Kochwasser nicht weggeschüttet werden muss. Bei den Vitaminen sind einige obendrein noch hitzeempfindlich, deswegen kochen Sie bitte nicht, sondern köcheln nur kurz auf kleinster Stufe und lassen das Ganze einfach zugedeckt etwas nachziehen. So wird es auch noch etwas weicher und behält einen schönen Biss. Auch beim Andünsten achten Sie bitte auf eine nicht zu hohe Temperatur.

PAPRIKA-PFANNENGEMÜSE

Zutaten für 6 Portionen

7 Paprika gemischt (ca. 1,4 kg)
3 Zwiebeln
1 TL Kokosfett
4 TL Salz
1 EL Buchweizenmehl
150 ml Sahne
4 TL Paprikapulver
½ TL Pfeffer, ½ TL Cayennepfeffer
2 TL Balsamicoessig
frischer Schnittlauch

Anleitungen

Paprika würfeln und Zwiebeln kleinschneiden. Beides im Fett in einer beschichteten Pfanne andünsten, salzen und noch kurz weiter dünsten. Nun mit dem Mehl anschwitzen und der Sahne ablöschen. Würzen und zugedeckt 5 Minuten auf kleinster Stufe köcheln. Noch weitere 5-10 Minuten zugedeckt ziehen lassen und zum Schluss fein gehackten Schnittlauch unterrühren.

TOMATENCREME-SAUCE

Zutaten für 6 Portionen

60 g getrocknete Tomaten
500 g frische Tomaten
2 Zwiebeln
1-2 Knoblauchzehen
1 EL Olivenöl
1 TL Basilikum getrocknet
1 TL Salz
2 EL Tomatenmark
250 ml Wasser
125 ml Sahne
1 TL Gemüsebrühe
1 TL Paprikapulver
1 TL Paprikapulver rosenscharf
¼ TL Chilipulver
1 TL Xucker
1 ½ EL Sojasoße pikant süß
frischer Basilikum

Anleitungen

Getrocknete Tomaten ca. 2 Stunden in Wasser einweichen und danach abgießen.

Tomaten, Zwiebeln und Knoblauchzehen grob würfeln. Zwiebeln, Knoblauch und Basilikum im Öl andünsten, salzen und noch kurz weiter dünsten. Mit Tomatenmark gut anschwitzen und Wasser und Sahne ablöschen. Eingeweichte und frische Tomaten dazugeben und das Ganze würzen. Erst 10 Minuten auf kleinster Stufe zugedeckt köcheln und dann noch weitere 10 Minuten ziehen lassen.

Nun in einem Mixgerät gut pürieren. Bei Bedarf noch Wasser hinzufügen und eventuell nachwürzen. Ganz zum Schluss den gehackten Basilikum unterrühren.

KOHLRABIGEMÜSE

Zutaten für 8 Portionen

3 mittelgroße Kohlrabi
1-2 Zwiebeln
60 g Ghee
1 TL Salz
50 g Buchweizenmehl
400 ml Wasser
50 ml Sahne
2 ½ TL Salz
1 TL Muskatnuss
½ TL Currypulver
½ TL Pfeffer
½ TL Cayennepfeffer
2 TL Xucker
1 EL Zitronensaft

Anleitungen

Die Kohlrabis schälen, würfeln und die Zwiebeln kleinschneiden. Zwiebeln im Ghee glasig andünsten, dann mit 1 TL Salz würzen und noch kurz weiter dünsten. Nun mit dem Mehl gut anschwitzen und dem Wasser ablöschen. Da Buchweizenmehl kein Gluten enthält, brauchen Sie keine Angst vor Klümpchen zu haben. Sie können gleich die Sahne mit angießen und die Soße komplett mit den restlichen Zutaten würzen.

Jetzt geben Sie den Kohlrabi hinein und lassen das Ganze erst 10 Minuten auf kleinster Stufe zugedeckt köcheln und dann noch weitere 10 Minuten ziehen.

Die Gemüse und Soßen lassen sich alle prima einfrieren. Bei Bedarf am Vorabend im Kühlschrank auftauen. Bereits mehrere Stunden vor dem Erwärmen aus dem Kühlschrank nehmen, so kann die Zeit für das Warmmachen so kurz wie möglich gehalten werden.

PILZ-SAHNE-SAUCE

Zutaten für 4-5 Portionen

500 g braune Champignons
1-2 Zwiebeln
35 g Ghee
½ TL Salz
25 g Buchweizenmehl
½ Tasse Wasser
125 ml Sahne
1 Würfel Pilzbrühe
1 EL Sojasoße pikant süß
1 TL Pfeffer
frischer Thymian

Anleitungen

Champignons putzen und in Scheiben schneiden. Zwiebeln kleinschneiden und im Ghee glasig andünsten, salzen und noch kurz weiter dünsten. Mit Mehl anschwitzen und Wasser und Sahne ablöschen. Erst würzen und dann die Pilze zufügen.

Und jetzt wird es für Sie vielleicht komisch, denn Sie haben nun in Ihrem Topf rohe Pilze, an denen eine Mehlschwitze klebt. Die Pilze müssen erst Wasser ziehen und das dauert ca. 10 Minuten. Sie schließen den Deckel und lassen den Topf auf ganz kleiner Stufe stehen. Rühren Sie ruhig zwischendurch mal um, allerdings kann sich die Zeit dann etwas verlängern, weil ja immer wieder Wärme entweicht. Wichtig ist nur, dass die Pilze nicht zu heiß sind, sonst brennen sie natürlich an. Auch wenn Sie gerne möchten, geben Sie kein Wasser dazu, sonst ist die Soße am Ende zu dünn. Wenn die Pilze Wasser gezogen haben, lassen Sie sie noch für 2-3 Minuten köcheln und rühren zum Schluss den fein gehackten Thymian unter.

Ghee

Zutaten

250 g Butter (am besten die gute Irische, da diese einen geringen Wassergehalt hat)
1 Marmeladenglas (250 ml Fassungsvermögen)
1 kleines Teesieb
1 Papier-Teefilter

Anleitungen

Butter in einem Kochtopf langsam zerlassen. Wenn sie vollständig aufgelöst ist, kurz aufkochen lassen und gleich wieder die Temperatur stark verringern. Mein Herd geht von Stufe 1-9. Nach dem Aufkochen stelle ich ihn erst auf Stufe 2 für ca. 20 Minuten und dann weitere 40 Minuten auf Stufe 1. Es darf kein Deckel auf den Topf!

Sonst müssen Sie nichts machen. Es dauert eine gewisse Zeit, bis das Wasser aus der Butter raus ist. Sie müssen nur darauf achten, dass die Butter nicht zu heiß ist und braun wird.

Wenn die Zeit um ist, legen Sie das Sieb mit dem aufgerissenen Teefilter auf das Glas (Kaffeefilter funktioniert leider nicht) und gießen das Ghee durch. Das Milcheiweiß bleibt so im Filter hängen.

Ghee abkühlen lassen und im Kühlschrank aufbewahren. Hält mehrere Monate.

Mittagessen-Variationen

Von links nach rechts:

Goldhirse in Tomatencreme-Sauce mit Kohlrabi-Möhren-Salat und Hanfsamen

Lachsfilet mit Kohlrabigemüse, Pellkartoffeln und Hanfsamen

Dinkelnudeln in Kräuterbutter mit Lupinen-Frikadelle und Mohrrübensalat

Anmerkungen: Goldhirse in der doppelten Menge Wasser mit Salz und Gemüsebrühe köcheln (Beispiel: 100 g Hirse, 200 ml Wasser, 2 g Salz, 1 TL Gemüsebrühe). Nach ca. 8-10 Minuten ist das Wasser weg und die Sauce kann untergerührt werden. Die Hanfsamen können mit dem Salat und der Hirse vermischt werden.

Das Lachsfilet waschen, trocken tupfen und in Ghee braten. Bei einer guten Lachsqualität entfällt das säuern mit Zitrone. Nach dem Braten mit Fleur de Sel und Pfeffer würzen.

Von links nach rechts:

Dinkelvollkornnudeln mit Pilz-Sahne-Sauce und Kohlrabi-Möhren-Salat

Pellkartoffeln mit Leinöl, Hanfsamen, gekochtem Ei und Weißkrautsalat

Viktoria-Seebarsch-Filet mit Paprika-Pfannengemüse und Konjac-Reis

Anmerkungen: Die aufgeschnittenen Pellkartoffeln etwas salzen, Leinöl darüber gießen und Hanfsamen darauf streuen.

Den Viktoria-Seebarsch waschen, trocken tupfen und von beiden Seiten salzen und pfeffern. Dann in Buchweizenmehl wenden, durch das aufgeschlagene Ei ziehen und sofort im heißen Ghee braten. Eventuell nach dem Braten noch etwas nachsalzen.

Von links nach rechts:

Goldhirse in Kräuterbutter mit Hanfsamen und Tomatensalat

Lupinen-Frikadelle mit Paprika-Pfannengemüse und Parboiled Reis

Kabeljaufilet mit Konjac-Spaghetti in Tomatencreme-Sauce

Anmerkungen: Goldhirse genauso garen wie bei der Tomatencreme-Sauce, nur stattdessen Kräuterbutter unterrühren, wenn sie fertig ist.

Kabeljaufilet waschen, trocken tupfen, in Buchweizenmehl wenden und in Ghee braten. Nach dem Braten mit Fleur de Sel und Pfeffer würzen.

Bei Bedarf kann die Hirse und der Parboiled Reis bis zu 24 Stunden vor dem Zubereiten in Wasser eingeweicht werden, um einen Teil der Phytinsäure abzubauen. Nicht vergessen, das Einweichwasser wegzuschütten. Je länger die Einweichzeit ist, desto kürzer wird die Kochzeit.

So etwas essen wir gern als Nachtisch

Amerikaner

Mandelhörnchen

Eierlikör-Topfkuchen

Schokoladenpudding

AMERIKANER

Zutaten für 18 Stück

<u>Teig</u>:
250 g weiche Butter
150 g Xucker
5 Prisen Salz
Abrieb von einer Zitrone
½ TL Vanillepulver
4 Eier
310 g Dinkelmehl 630, 40 g Lupinenmehl
1 Pck. Backpulver
80 ml Sahne, 80 ml Wasser

<u>Guss</u>:
200 g Puderxucker*
2 TL Zitronensaft
30 ml Wasser

*Für den Puderxucker mahle ich den Xylit in einer Kaffeemühle

Anleitungen

Butter schaumig rühren, bis sie Spitzen zieht. Erst Xucker, Salz, Zitronenabrieb und Vanille und als nächstes die Eier einzeln unterrühren. Mehl und Backpulver mischen und abwechselnd mit der Flüssigkeit kurz unterrühren.

Backbleche mit Backpapier auslegen und je 9 Teighaufen darauf geben. Diese müssen eng zusammengeschoben werden, da die Amerikaner sonst zu breit laufen. Bleche nacheinander im vorgeheizten Backofen bei 200°C Ober-Unterhitze ca. 13 Minuten backen.

Die Amerikaner vorsichtig vom Blech nehmen und auskühlen lassen. Der Teig ist sehr weich, wenn er heiß ist, wird aber fest. Zutaten für den Guss verrühren und die erkalteten Amerikaner damit bestreichen.

Die Amerikaner eignen sich wunderbar zum Einfrieren.

MANDELHÖRNCHEN

Zutaten für 8 Stück

<u>Marzipan</u>:
150 g blanchierte gemahlene Mandeln
75 g Puderxucker*
3 Prisen Salz
1 TL Vanillepulver
2 TL Rosenwasser**
2 EL Amaretto (kann mit Wasser ersetzt werden, schmeckt aber nicht so gut)
30 Tropfen Bittermandelaroma

Teig:
1 Eiweiß
Abrieb von einer Zitrone
100 g gehobelte Mandeln

Kuvertüre:
50 g Kakaobutter
10 g Rohkakao-Pulver***
17 g Kakaopulver
1 Prise Salz
1 Prise Vanillepulver, 1 Prise Chilipulver
30 g Puderxucker*

** Rosenwasser zum Backen gibt es in der Apotheke
*** Rohkakao wird nicht geröstet, deswegen schmeckt er sehr herb und die wertvollen Inhaltsstoffe bleiben erhalten. Auf jeden Fall im Internet erhältlich, genauso wie die Kakaobutter

Anleitungen

Marzipan selber herzustellen ist ganz einfach. Durch die Mandeln, die man sich natürlich auch frisch mahlen kann und durch die Verwendung von Puderxucker ist dieses Marzipan richtig gesund, nährstoffreich und super lecker.

Erst die trockenen Zutaten vermischen, dann die Flüssigkeit dazugeben und mit der Hand verkneten. Dieses geht besser mit Einweghandschuhen. Das war es schon, Sie haben nun 250 g Marzipan.

Nun verkneten Sie das Marzipan mit dem Eiweiß und dem Zitronenabrieb. Aus der Masse formen Sie 8 Hörnchen und wälzen sie in den gehobelten Mandeln. Da die Masse sehr klebt ist es besser, mit Einweghandschuhen zu arbeiten. Machen Sie sich zuerst 8 Kugeln. Aus jeder Kugel formen Sie sich in der Hand eine 10 cm lange Rolle und legen die gleich in die Mandeln. Mit deren Hilfe lassen sich gut Hörnchen formen. Backblech mit Backpapier auslegen, Hörnchen darauf verteilen und im vorgeheizten Backofen bei 200°C Ober-Unterhitze ca. 13 Minuten backen. Da die heißen Hörnchen extrem weich sind, lassen Sie sie auf dem Blech auskühlen.

Für die Kuvertüre geben Sie die Kakaobutter in ein Wasserbadschälchen. Das Wasser für das Wasserbad darf nicht zu heiß sein. Nun schmelzen Sie langsam die Kakaobutter. Kakao, Salz, Vanille und Chili in einer Schale vermischen. Die aufgelöste Kakaobutter dazu gießen und mit einem Schneebesen verrühren. Der Puderxucker muss durch ein Sieb zu der Kakaomasse gegeben und gut mit dem Schneebesen untergerührt werden.

Nun nehmen Sie einen Teelöffel und gießen damit die Kuvertüre über die Vorder- und Rückseite der Enden von den komplett erkalteten Mandelhörnchen. Diese legen Sie auf ein Backpapier und verteilen am Ende noch den Rest der Kuvertüre auf den Enden.

Die Mandelhörnchen können in einer Keksdose 14 Tage aufbewahrt werden. Ansonsten halt einfrieren.

EIERLIKÖR-TOPFKUCHEN

Zutaten für eine Springform mit Rohrboden

5 Eier
180 g Puderxucker*
2 Prisen Salz
½ TL Vanillepulver
250 g Kokosfett
250 ml Eierlikör
200 g Dinkelmehl 630
15 g Lupinenmehl, 35 g Buchweizenmehl
1 Pck. Backpulver

Anleitungen

Kokosfett zerlassen, es darf aber nicht zu warm sein. Eier 5 Minuten cremig aufschlagen. Puderxucker, Salz und Vanille dazugeben und unterrühren. Erst das Kokosfett und dann den Eierlikör unterrühren. Mehl und Backpulver mischen, in die Schüssel sieben und gut unterrühren.

Teig in die Form geben, auf einen Rost stellen und im vorgeheizten Backofen bei 160°C Heißluft 45 Minuten backen.

Erst gut auskühlen lassen und dann aus der Form stürzen. Falls noch etwas zum Einfrieren übrigbleibt, können Sie das gern tun. Ein gefrorenes Stück für 1 Minute auf kleiner Stufe in der Mikrowelle erwärmen, schmeckt wie frisch aus dem Ofen.

Eierlikör gehört zu den schlechten Säurebildnern aufgrund des Alkohols und dem Industriezucker. Der Alkohol ist nach dem Backen fast weg, der Zucker bleibt. Natürlich lässt sich Eierlikör auch selber machen und man kann Xucker benutzen. Ein Stück Eierlikörtopfkuchen enthält aber nur 4 g Zucker.

SCHOKOLADENPUDDING

Zutaten für 6 kleine Portionen

250 ml Sahne
13 g Rohkakao-Pulver***
250 ml Wasser
55 g Xucker
3 Prisen Salz
1 Prise Vanillepulver
2 Prisen Zimt
2 Prisen Chilipulver
50 g Braunhirsemehl
25 g Buchweizenmehl

Anleitungen

Sahne und Rohkakao mit einem Schneebesen im Topf verrühren. Die übrigen Zutaten in der angegebenen Reihenfolge dazugeben und gut verrühren. Masse kurz aufkochen und 7-8 Minuten lang simmern*. Die Länge des Simmerns bestimmt die Konsistenz des Puddings. In eine Schale gießen und kalt werden lassen.

*Erklärung beim Kapitel „Wer will gute Brötchen backen, Kochstück“

Naschen Sie auch gern beim Fernsehen?

Von links nach rechts:

Xylit-Fruchtbonbons, Dinkelvollkorn-Knabberstangen, Feine Zartbitter-Schokolade, Dinkel-Schoko-Puffreis, Erdbeer-Sahne-Eis

XYLIT-FRUCHTBONBONS

Zutaten

Xucker
Aromaöle, die für den Verzehr geeignet sind (z. B. Zitrone, Orange, Pfefferminz, Eukalyptus)

Anleitungen

Genaue Mengenangaben lassen sich bei diesem Rezept nicht machen, da es auf die Form ankommt, die verwendet wird. Ich benutze spezielle Bonbonformen aus Silikon, aber Sie können auch Pralinenformen benutzen und gießen diese nicht ganz voll.

Sie zerlassen auf kleiner Stufe die gewünschte Xuckermenge. Wenn der Xucker vollständig zerlassen ist, schalten Sie den Herd aus und geben das Aromaöl hinein. Als Mengenangabe können Sie von halb so vielen Aromatropfen wie Gramm Xucker ausgehen. Beispiel: 100 g Xucker bedeutet 50 Tropfen Aromaöl, außer bei Pfefferminz, das ist zu intensiv.

Sie rühren nun mit einem Schneebesen so lange, bis das Öl nicht mehr dampft. Dauert ca. 1 Minute. Danach gießen Sie die Masse in die Form und lassen sie je nach Größe 6-9 Stunden fest werden.

DINKELVOLLKORN–KNABBERSTANGEN

Zutaten für 2 Backbleche

180 g Dinkelvollkornmehl
120 g Erdmandelmehl
5 g Backpulver
8 g Salz
1 TL Pfeffer
1 TL Oregano getrocknet
1 TL Thymian getrocknet

2 TL Basilikum getrocknet
75 ml Wasser
75 ml Olivenöl
1 Ei

Anleitungen

Alle Zutaten in eine Schüssel geben und mit der Hand verkneten. Den Teig 20 Minuten ruhen lassen.

Backbleche mit Backpapier auslegen und Teig in 6 gleiche Teile aufteilen. Teiglinge erst zu Kugeln formen und dann zu Rollen. Diese mit einem kleinen Teigroller auf den Blechen flach ausrollen und in der gewünschten Breite einschneiden.

Bleche im vorgeheizten Backofen bei 160°C Heißluft ca. 18 Minuten backen. Mit einem Tortenheber gleich nach dem Backen von den Blechen nehmen und auskühlen lassen.

Wir frieren uns die Knabberstangen in einen Zipperbeutel ein und nehmen sie uns bei Bedarf raus. Innerhalb von einer halben Stunde sind sie aufgetaut.

FEINE ZARTBITTER–SCHOKOLADE

Zutaten für 340 g

120 g Kakaobutter
30 g Kokosöl (nicht Kokosfett)
30 g Rohkakao-Pulver**
50 g Kakaopulver
3 Prisen Salz
2 Prisen Chilipulver
½ TL Vanillepulver
80 g Puderxucker*
25 g Yaconsirup

*Für den Puderxucker mahle ich den Xylit in einer Kaffeemühle
** Rohkakao wird nicht geröstet, deswegen schmeckt er sehr herb und die wertvollen Inhaltsstoffe bleiben erhalten. Auf jeden Fall im Internet erhältlich, genauso wie die Kakaobutter

Anleitungen

Kakaobutter und Kokosöl in ein Wasserbadschälchen geben und langsam im Wasserbad zerlassen. Kakao, Salz, Chili und Vanille in eine Schale geben und das zerlassene Fett darüber gießen. Das Ganze mit einem Schneebesen verrühren. Der Puderxucker muss durch ein Sieb zu der Kakaomasse gegeben und gut untergerührt werden. Zum Schluss noch den Yaconsirup unterrühren.

Ich benutze immer zwei Brat- und Auflaufformen (29 x 23 cm), die ich mit Backpapier auslege. Kakaomasse hineingießen, gleichmäßig mit einem Esslöffel verteilen und 2 Stunden im Kühlschrank durchhärten lassen.

Schokolade in Stücke brechen, in eine Frischhaltedose legen und im Kühlschrank lagern. Wie lange die Schokolade hält, kann ich gar nicht so genau sagen. Da sie so lecker ist, ist sie bei uns noch nie älter als 2 Wochen geworden.

DINKEL–SCHOKO–PUFFREIS

Zutaten für 440 g

340 g Schokoladenmasse (siehe Rezept Schokolade)
100 g Dinkel gepufft oder 80 g Dinkel gepufft und 20 g Quinoa gepufft

Anleitungen

Schokoladenmasse herstellen und die gepufften Dinkel gut unterrühren. Genauso wie die Schokolade in mit Backpapier ausgelegte Brat- und Auflaufformen geben, gut verteilen und 2 Stunden im Kühlschrank durchhärten lassen.

Puffs in Stücke brechen und in einer Frischhaltedose im Kühlschrank aufbewahren. Auch hier weiß ich die Haltbarkeit nicht!

ERDBEER-SAHNE-EIS

Zutaten für 12 Stück

400 g frische Erdbeeren
110 g Puderxucker*
½ TL Vanillepulver
2 Prisen Salz
120 ml Sahne

Anleitungen

Erdbeeren waschen und grob vierteln. Zusammen mit den restlichen Zutaten in ein Mixgerät geben und ca. 2 Minuten durchmixen. In Stileisformen geben und einfrieren. Natürlich kann man auch eine Schale oder kleine Schälchen nehmen, aber ein Eis zu lecken hat schon was.

Zum Schluss noch etwas Besonderes

Cremiges Bourbon-Vanille-Eis

Selbstgebeizter Graved Lachs

Schwarzwälder

Kirschtörtchen

CREMIGES BOURBON-VANILLE-EIS

Zutaten für 550 ml

500 ml Sahne
3 Eigelbe
95 g Xucker
2 Prisen Salz
1 TL Vanillepulver

Anleitungen

Wasser für das Wasserbad zum Kochen bringen und auf mittlerer Stufe warmhalten. 250 ml Sahne aufkochen und ebenfalls warmhalten.

Eigelbe mit Xucker, Salz und Vanille über dem Wasserbad mit einem Schneebesen cremig aufschlagen. Dieser Vorgang dauert einige Minuten, denn die Masse muss auch wirklich cremig sein.

Nun die heiße Sahne sehr langsam in die Eimasse einrühren und weiter über dem Wasserbad 10 Minuten lang aufschlagen, bis eine dickcremige Masse entsteht. Immer schön ohne Unterlass mit dem Schneebesen schlagen und aufpassen, dass das Wasserbad nicht zu heiß wird, sonst gerinnen die Eier. Es darf aber auch nicht zu kalt sein, sonst wird die Masse nicht cremig.

Über 80°C sollte die Masse haben. Auf diese Weise muss man auch keine Angst vor Salmonellen haben, denn bereits 10 Minuten über 70°C tötet diese ab. Diesen Vorgang nennt man „Zur Rose abziehen".

Restliche Sahne schlagen und unter die erkaltete Masse heben. Eis im Ganzen oder in Einzelportionen im Gefrierschrank kühlen.

GRAVED LACHS

Zutaten

500 g frischer Lachs oder Wildlachs mit Haut
3 EL Fleur de Sel
3 EL Kokosblütenzucker
2 TL grober Pfeffer
½ Bund frischer Dill

Anleitungen

Lachs waschen und gut trocken tupfen. Gewürze mit kleingehacktem Dill mischen. Die Hälfte der Gewürzmischung in einen Gefrierbeutel geben und den Lachs mit der Hautseite darauflegen. Restliche Gewürzmischung auf die Fleischseite geben und den Beutel gut verschließen.

Lachs auf einen Teller legen, im Kühlschrank 2 Tage ziehen lassen und mehrfach wenden. Danach die Beize gut abwaschen und den Lachs in dünne Scheiben schneiden.

Ich gebe die Lachsscheiben in Alufolie und friere sie in einem Zipperbeutel ein. Am Vorabend im Kühlschrank auftauen und schon hat man etwas für das besondere Frühstück.

SCHWARZWÄLDER KIRSCHTÖRTCHEN

Zutaten für 6 Törtchen (Form Durchmesser 12 cm)

Teig:
140 g weiche Butter
125 g Xucker
2 Prisen Salz
Abrieb von einer Zitrone
½ TL Vanillepulver
5 Eier
15 g Kakaopulver
100 g Mandelmehl*
1 Pck. Backpulver
100 g gemahlene Mandeln
je 1 EL Rum und Amaretto

Kirschmasse (Sauerkirsch-Marmelade ca. 600 g):
375 g frische oder tiefgefrorene Sauerkirschen
190 g Xucker
2,5 g Agar Agar**
3 Prisen Salz
¼ TL Vanillepulver
½ EL Zitronensaft
1 EL Amaretto

<u>Zum Garnieren</u>:
300 ml geschlagene Sahne
Schokoraspeln zum Bestreuen (von der selbstgemachten Schokolade fein abschneiden)

Anleitungen

<u>Teig</u>:
Für den Teig die Butter schaumig rühren, bis sie Spitzen zieht. Erst Xucker, Salz, Zitronenabrieb und Vanille und dann die Eier einzeln unterrühren. Kakao, Mehl, Backpulver und Mandeln mischen und abwechselnd mit dem Alkohol kurz unterrühren.

Törtchenformen ausfetten und den Teig gleichmäßig darin verteilen. Förmchen auf einen Rost stellen und im vorgeheizten Backofen bei 160°C Heißluft ca. 23 Minuten backen. Nach dem Backen die Förmchen erst gut auskühlen lassen, bevor man die Törtchen herausnimmt.

<u>Kirschmasse (Sauerkirsch-Marmelade ca. 600 g)</u>:
Für die Kirschmasse wird eine Sauerkirsch-Marmelade hergestellt. Dazu die Sauerkirschen (gefrorene erst auftauen) mit Xucker vermischen und 1 Stunde ziehen lassen.

Erst Agar Agar unterrühren und dann die restlichen Zutaten außer dem Amaretto. Masse unter ständigem Rühren zum Kochen bringen und 4 Minuten kochen lassen. Dabei den Schaum abschöpfen und die Kirschen mit einem Kartoffelstampfer etwas stampfen. So erhält man schöne, nicht zu große Kirschstückchen in der Marmelade.

Nach dem Kochen den Amaretto zugeben und die Marmelade in Gläser füllen. Die Gläser gut verschließen und für 5 Minuten auf den Kopf stellen. Marmelade im Kühlschrank lagern. Schmeckt auch gut aufs Brötchen.

Nun müssen Sie nur noch die Marmelade auf den Törtchen verteilen, Sahne obendrauf geben und mit Schokoraspeln bestreuen.

Sie können die Törtchen gut einfrieren und bei Bedarf sind sie innerhalb von 2 Stunden aufgetaut. Die Marmelade kann fertig sein und so haben Sie sich super schnell ein paar Schwarzwälder Kirschtörtchen gemacht.

*Mandelmehl wird aus blanchierten Mandeln, die zusätzlich noch entölt werden, hergestellt. Heraus kommt ein feines Mehl, mit dem man sich auch eine Mandelmilch durch Zugabe von Wasser machen kann. Im Internet erhältlich, aber Achtung, viele Hersteller verkaufen einfach gemahlene Mandeln als Mandelmehl. Echtes Mandelmehl hat so um die 14 % Fett, während gemahlene Mandeln 54 % haben. Mandelmehl ist basisch, hat sage und schreibe 50 % Eiweiß und einen sehr hohen Ballaststoffanteil.

**Agar Agar ist ein geschmacksneutrales Geliermittel, welches aus den Zellwänden einiger Algenarten hergestellt wird. Zum einen ist es ein pflanzliches Geliermittel, denn Gelatine wird aus den Knorpeln und Knochen von Tieren gemacht und zum anderen ist es viel unkomplizierter anzuwenden und hat eine weitaus bessere Gelierkraft.

Liste basische und säurebildende Lebensmittel

Basische Lebensmittel

- alle frischen Obstsorten (nicht gekocht, kein Dosenobst)
- alle Gemüsesorten (kein Dosengemüse)
- alle Blattsalate
- alle Kräuter und Gewürze
- Kartoffeln
- alle Pilze
- alle Sprossen und Keimlinge
- Mandeln, Erdmandeln, Esskastanien
- Lupineneiweiß*
- Konjac-Nudeln*

Basische Getränke

- Wasser ohne Kohlensäure
- Kräutertee, Ingwertee, Rooibos-Tee
- Smoothies
- Mandelmilch

Basische Süßungsmittel

- Stevia*
- Xylit*
- Erythrit

Gute Säurebildner – Lebensmittel

- Alle Bio-Getreidearten, außer Weizen, jedoch grundsätzlich nur in kleinen Mengen
- Getreideprodukte (z.B. Haferflocken, Bulgur, Couscous), aber nicht aus Weizen
- Goldhirse, Braunhirse, Hirseflocken
- Pseudogetreide (z.B. Buchweizen, Quinoa, Amaranth)

- Vollkornreis, Parboiled Reis
- Hülsenfrüchte (z.B. Linsen, Erbsen, Bohnen)
- Mais
- Ölsaaten (z.B. Sesam, Leinsamen, Sonnenblumenkerne, Hanfsamen*, Mohn)
- Nüsse
- Hochwertige pflanzliche Proteinpulver (z.B. Hanfprotein, Reisprotein, Erbsenprotein)
- Kakaopulver
- Eier aus biologischer Landwirtschaft
- Fisch aus Bio-Aquakultur
- Bio-Tofu und hochwertig fermentierte Bio-Sojaprodukte (z.B. Miso, Tempeh)

Gute Säurebildner – Getränke

- Grüner Tee
- Lupinenkaffee*
- hochwertige pflanzliche Drinks (z.B. Sojadrink, Haferdrink, Reisdrink)

Gute Säurebildner – Süßungsmittel

- Kokosblütenzucker und -sirup*
- Yaconsirup*

Schlechte Säurebildner – Lebensmittel

- alle Produkte aus Weizen, auch Vollkornweizen
- Getreideprodukte aus Weißmehlen (z.B. Weißbrot, Brötchen, Semmel, Kuchen, Nudeln, Cornflakes etc.)
- Fertigprodukte aller Art
- Milchprodukte (z.B. Käse, Quark, Joghurt, Kefir etc.), außer Butter, Ghee und Sahne
- Fleisch- und Wurstwaren
- Eier aus konventioneller Landwirtschaft
- Fisch und Meeresfrüchte aus konventioneller Aquakultur

- stark verarbeitete Sojaprodukte (z.B. das texturierte Sojaprotein TVP)
- Essig, außer naturtrüber Apfelessig
- Ketchup, Senf

Schlechte Säurebildner – Getränke

- alle kohlensäurehaltigen Getränke, auch Wasser mit Kohlensäure
- Kaffee, auch koffeinfreier
- koffeinhaltige Getränke (z.B. Cola, Cappuccino, Espresso)
- Milch
- schwarzer Tee, Früchtetee
- Softdrinks
- Alkohol

Schlechte Säurebildner – Süßungsmittel

- Zucker
- Dicksäfte (z.B. Agavendicksaft)

Öle und Fette werden als neutral eingestuft, wobei die richtige Auswahl äußerst wichtig ist. In dem Kapitel „Essentielle Stoffe – Fettsäuren“ habe ich dieses näher beschrieben.

*Erklärung bei den ungewöhnlichen Lebensmitteln

Übersicht essentielle Mineralstoffe

Der Tagesbedarf in meiner Tabelle bezieht sich auf Erwachsene und differenziert je nach Geschlecht, Gewicht und Alter. Kinder, Jugendliche, Schwangere und Stillende haben oftmals einen anderen Tagesbedarf.

Mengen-elemente	**Spuren-elemente**	**Basisch**	**Sauer**	**Tages-bedarf**
Calcium		•		1000 mg
Chlorid			•	2300 mg
	Cobalt	•		3 µg*
	Eisen	•		10-15 mg
	Jod		•	180-200 µg
Kalium		•		4000 mg
	Kupfer	•		1-1,5 mg
Magnesium		•		300-350 mg
	Mangan	•		2-5 mg
	Molybdän	•		50-100 µg
Natrium		•		1500 mg
Phosphor			•	700 mg
Schwefel			•	900 mg*
	Selen	•		60 -70 µg
	Silicium		•	30-200 mg*
	Zink	•		7-10 mg

*es gibt nur inoffizielle und keine offiziellen Angaben über den Tagesbedarf

Wirkung im Körper

Calcium: Aufbau und Erhaltung von Knochen und Zähnen; Erregung von Muskeln und Nerven; Unterstützung der Blutgerinnung
Chlorid: Bildung der Salzsäure im Magen, die für die Verdauung der Nahrung notwendig ist; reguliert den Wasserhaushalt
Cobalt: Bildung von roten Blutkörperchen; Erhaltung des Nervengewebes
Eisen: Blutbildung; Sauerstoffversorgung im Blut; Bildung von Hämoglobin
Jod: Bildung von Schilddrüsenhormonen; Regulation Stoffwechsel und Körpertemperatur
Kalium: Regulierung des Wasserhaushalts der Zellen; Verwertung der Kohlenhydrate; Proteinaufbau; Regulierung des Blutdrucks
Kupfer: unterstützt die Bildung roter Blutkörperchen; Unterstützung des Nerven- und Immunsystems; Bestandteil der Abwehrzellen; sorgt für normale Haar- und Hautpigmentierung
Magnesium: Energiebereitstellung; unterstützt den Aufbau der Muskeln und Knochen; Regulierung des Blutdrucks; beugt Krämpfen vor; senkt den Cholesterinspiegel
Mangan: Energieproduktion; Regulierung des Blutzuckers; schützt vor freien Radikalen (zellschädigende Moleküle)
Molybdän: Zuständig für die Eiweißbildung; unterstützt die Bildung von Harnsäure
Natrium: reguliert den Wasserhaushalt; unterstützt die Aufnahme von Zucker und Aminosäuren
Phosphor: Erhaltung von Knochen und Zähnen; Energiegewinnung und -verwertung
Schwefel: unterstützt Eiweißproduktion; Energieversorgung; Aufbau von Haaren, Nägeln und Haut
Selen: Gewebeelastizität; schützt vor freien Radikalen
Silizium: Erhaltung von Knochen, Knorpel, Haare, Zähne, Nägeln und Bindegewebe
Zink: Stärkung des Immunsystems; Insulinspeicherung; Wundheilung; Wachstum

Vorkommen in Lebensmitteln

Die aufgelisteten Lebensmittel stehen im Einklang mit der überwiegend basischen Ernährung mit guten Säurebildnern. Wenn zum Beispiel nur Gemüse oder Obst steht, habe ich die Highlights weggelassen und von dem Rest einen Durchschnitt errechnet. Die mit einem Sternchen* versehenen Namen sind bei den ungewöhnlichen Lebensmitteln erklärt. Der Tagesbedarf steht jeweils noch einmal dabei und die Angaben beziehen sich immer auf 100 g.

Mineralstoffe sind hitzebeständig und können somit beim Kochen nicht zerstört werden. Wird allerdings beim Kochen viel Wasser verwendet, geht ein Teil der Mineralstoffe ins Kochwasser über. Deswegen besser dünsten, dämpfen oder ganz einfach das Kochwasser weiterverarbeiten.

Calcium / 1000 mg

Sango Meeres Koralle* 23500 mg / Sesam 738 mg / Weizengraspulver* 320 mg / Mandeln 250 mg / Lupineneiweiß 210 mg / Grünkohl 196 mg / Hanfsamen* 190 mg / Spinat 121 mg / Fenchel 109 mg / Brokkoli 109 mg / Gemüse 40 mg / Obst 33 mg

Chlorid / 2300 mg

Salz 60000 mg

Cobalt / 3 µg

Da es keine offiziellen Angaben über den Tagesbedarf gibt, liegen auch keine genauen Angaben über den Cobaltgehalt in Lebensmitteln vor. Alle Lebensmittel mit Vitamin B12 enthalten auch Cobalt.

Eisen / 10-15 mg

Weizengraspulver* 37,0 mg / Dinkelvollkornmehl 9,68 mg / Hirse 9,0 mg / Hülsenfrüchte 6,3 mg / Haferflocken 5,4 mg / Lupineneiweiß* 4,0 mg / Ei 2,1 mg / Gemüse 1,0 mg / Obst 0,6 mg

Jod / 180-200 µg

Sango Meeres Koralle* 700 µg / Schellfisch 243 µg / Seelachs 200 µg / Kabeljau 155 µg / Krabben 130 µg / Garnelen 130 µg / Rotbarsch 105 µg / Hummer 100 µg / Alaska Seelachs 100 µg / Lachs 34 µg

Kalium / 4000 mg

Weizengraspulver* 2757 mg / Hülsenfrüchte 1020 mg / Hanfsamen* 860 mg / Lupineneiweiß* 850 mg / Kartoffeln 411 mg / Dinkelvollkornmehl 407 mg / Bananen 382 mg / Fisch 350 mg / Gemüse 300 mg / Obst 220 mg

Kupfer / 1-1,5 mg

Cashewkerne 3,7 mg / Haselnüsse 1,3 mg / Krabben 1,1 mg / Hirse 0,85 mg / Linsen 0,74 mg / Weizengraspulver* 0,67 mg / Haferflocken 0,53 mg / Lupineneiweiß* 0,5 mg / Dinkelvollkornmehl 0,46 mg / Gemüse 0,1 mg / Obst 0,1 mg

Magnesium / 300-350 mg

Sango Meeres Koralle* 11000 mg / Hanfsamen* 470 mg / Hirse 170 mg / Mandeln 170 mg / Lupineneiweiß* 170 mg / Haferflocken 137 mg / Hülsenfrüchte 130 mg / Dinkelvollkornmehl 109 mg / Bananen 36 mg / Gemüse 24 mg / Obst 15 mg

Mangan / 2-5 mg

Weizengraspulver* 6,16 mg / Haselnüsse 5,7 mg / Haferflocken 4,5 mg / Heidelbeeren 4,2 mg / Dinkelvollkornmehl 3,3 mg / Amaranth 3,0 mg / Lupineneiweiß* 2,2 mg / Reis 2,1 mg / Linsen 1,49 mg / Mandeln 1,9 mg / Brombeeren 0,89 mg / Obst 0,24 mg / Gemüse 0,15 mg

Molybdän / 50-100 µg

Buchweizen 485 µg / Rotkohl 127 µg / Kakaopulver 73 µg / Knoblauch 70 µg / Erbsen 70 µg / Spinat 53 µg / Zander 51 µg / Schnittbohnen 43 µg / Erdnüsse 43 µg / Honigmelone 34 µg / Reis 31 µg / Roggenmehl 30 µg / Zwiebeln 32 µg / Ei 14 µg / Cashewkerne 10 µg / Möhren 8 µg

Natrium / 1500 mg

Salz 38850 mg

Phosphor / 700 mg

Haferflocken 436 mg / Hülsenfrüchte 400 mg / Reis 325 mg / Hirse 300 mg / Seelachs 300 mg / Lupineneiweiß* 290 mg / Dinkelvollkornmehl 286 mg / Fisch 240 mg / Roggenmehl 196 mg / Gemüse 55 mg / Obst 30 mg

Schwefel / 900 mg

Erdnüsse 395 mg / Kabeljau 252 mg / Sesam 230 mg / Makrele 211 mg / Haferflocken 200 mg / Lachs 180 mg / Ei 180 mg / Nüsse 160 mg / Mohn 150 mg / Hirse 140 mg / Roggenmehl 140 mg / Dinkelvollkornmehl 58 mg / Weißkohl 54 mg / Zwiebeln 50 mg / Kartoffeln 33 mg

Selen / 60-70 µg

Kokosnüsse 810 µg / Bückling 140 µg / Paranüsse 100 µg / Fisch 45 µg / Ei 20 µg / Weizengraspulver 18 µg / Rosenkohl 18 µg / Lupineneiweiß* 12 µg / Reis 11 µg / Haferflocken 10 µg / Kokosöl, Hirse und Sesam sind ebenfalls sehr selenhaltig, es finden sich jedoch keine genauen Zahlen

Silicium / 30-200 mg

Hirse 400 mg / Hafer 400 mg / Kartoffeln 60 mg / Erdnüsse 50 mg / Ei 30 mg / Haferflocken 11 mg

Zink / 7-10 mg

Haferflocken 4,06 mg / Paranüsse 4,0 mg / Linsen 3,73 mg / Lupineneiweiß* 3,5 mg / Dinkelvollkornmehl 3,36 mg / Nüsse 2,6 mg / Roggenmehl 2,42 mg / Weizengraspulver* 1,84 mg / Hirse 1,8 mg / Reis 1,52 mg / Ei 1,35 mg / Fisch 1,0 mg / Gemüse 0,4 mg / Kartoffeln 0,32 mg / Obst 0,11 mg

Übersicht von gesunden Ölen und Fetten

Beispiele von gängigen Ölen:

Ölsorte	Omega-6	Omega-3	Ungesund	Gesund
Distelöl	150	1	•	
Sonnenblumenöl	120	1	•	
Maiskeimöl	52	1	•	
Olivenöl	9	1		•
Walnussöl	4	1		•
Hanföl	3	1		•
Rapsöl	2	1	•	
Leinöl	1	4		•

- das perfekte Omega-6- zu Omega-3-Verhältnis ist 2:1 bis 5:1
- bei Rapsöl auf Aufdruck nativ oder kaltgepresst achten, denn nur dann ist es gesund
- da in der Nahrung die Omega-6-Fettsäuren überwiegen, ist Leinöl der perfekte Ausgleich

Fazit

1. **Hanföl**: perfektes Omega-6- zu Omega-3-Verhältnis; Vitamin E Spitzenreiter mit 80 mg auf 100 ml; nussige Kräuternote; für kalte Speisen und Salate; nicht zum Braten geeignet
2. **Leinöl**: absoluter Omega-3-Spitzenreiter; gesundheitsfördernd von A bis Z; nussige Note; für kalte Speisen und Salate; nicht zum Braten geeignet

3. **Olivenöl**: senkt nur das schlechte LDL-Cholesterin und nicht das gute HDL-Cholesterin; hat positiven Einfluss auf fast 100 Gene; fruchtige, leicht bittere Note; für kalte und warme Speisen und Salate; zum Braten geeignet
4. **Kokosöl**: leicht verdaulich; gesundheitsfördernd von A bis Z; milder Kokosgeschmack; für warme Speisen und zum Backen; hoch erhitzbar
5. **Ghee**: gesundheitsfördernd von A bis Z; feiner Buttergeschmack; für warme Speisen; hoch erhitzbar
6. **Kokosfett**: geschmacksneutral; für warme Speisen, zum Backen und Frittieren; hoch erhitzbar

Der Tagesbedarf von Omega-3-Fettsäuren liegt bei ca. 250 mg und bei Omega-6-Fettsäuren bei ca. 750 mg. Um die Omega-6-Fettsäuren braucht sich im Normalfall keiner zu sorgen, da diese überall in der Nahrung enthalten sind. Die Omega-3 sind das Sorgenkind, jedoch bei einer regelmäßigen Verwendung von Hanföl und /oder Leinöl müssen Sie sich auch darüber keine Gedanken machen. Ein einziger Esslöffel Leinöl enthält 5.500 mg Omega-3-Fettsäuren.

Der Tagesbedarf an Fett insgesamt beträgt laut Deutsche Gesellschaft für Ernährung 30 % der täglichen Energiezufuhr. Beispiel: 2000 Kilokalorien täglich mal 30 % = 600-mal Faktor 0,11 = 66 g Fett täglich.

Übersicht Vitamine

Der Tagesbedarf in meiner Tabelle bezieht sich auf Erwachsene und differenziert je nach Geschlecht, Gewicht und Alter. Kinder, Jugendliche, Schwangere und Stillende haben oftmals einen anderen Tagesbedarf.

Vitamin	Tagesbedarf	Wirkung im Körper	Hauptvorkommen
A (Retinol) Fettlöslich Licht-empfindlich	0,8 – 1,0 mg	Zellwachstum, Immunsystem, Erneuerung der Haut, Sehkraft	Möhren, Honigmelone, Grünkohl, Spinat, Blattsalat, Sahne, Ei, Gemüse
B1 (Thiamin) Wasserlöslich Hitze-empfindlich	1,0 – 1,3 mg	Nervensystem, Energiestoffwechsel, Schilddrüsenfunktion	Hanfsamen*, Ölsaaten, Haferflocken, Hülsenfrüchte, Reis, Nüsse
B2 (Riboflavin) Wasserlöslich	1,0 – 1,4 mg	Energiestoffwechsel, Augen, Nägel, Haut, Schleimhaut, Sauerstofftransport	Hanfsamen*, Weizengraspulver*, Mandeln, Pilze, Ei, Fisch, Hirse
B3 (Niacin) Wasserlöslich	11 – 17 mg	Energiegewinnung aus Kohlenhydraten, Fett und Eiweiß; Haut, Nägel	Erdnüsse, Pilze, Reis, Mandeln, Fisch, Ölsaaten, Hülsenfrüchte
B5 (Pantothensäure) Wasserlöslich Hitzeempfdl.	6 mg	Stärkt Immunsystem, Haarausfall, Energiestoffwechsel	Butter, Pilze, Reis, Hülsenfrüchte, Ei, Wassermelone, Nüsse, Brokkoli
B6 (Pyridoxin) Wasserlöslich Hitze- und Lichtempfindl.	1,2 – 1,5 mg	Eiweißverdauung, schützt vor Nerven- und Leberschädigung	Hirse, Hanfsamen*, Fisch, Nüsse, Hülsenfrüchte, Bananen, Reis

B7 (Biotin) Wasserlöslich	30 – 60 µg	Stoffwechsel, Haare, Blutgerinnung, Entgiftung	Erdnüsse, Ei, Haferflocken, Erbsen, Reis, Vollkornmehl
B9 (Folsäure) Wasserlöslich Hitze- und Lichtempfindl.	300 µg	Zellteilung, Eiweißstoffwechsel, Gewebeaufbau, Haut	Weizengraspulver*, Grünkohl, Hülsenfrüchte, Gemüse, Haferflocken, Ei
B12 (Cobalamin) Wasserlöslich	3 µg	Nerven, Haut, Bildung von roten Blutkörperchen	Chlorella Alge, Fisch, Ei
C (Ascorbinsäure) Wasserlöslich	95 – 110 mg	Immunsystem, aktiviert Enzyme, fängt freie Radikale, stabilisiert Psyche	Gemüse, Obst
D (Calciferol) Fettlöslich Lichtempfindlich	20 µg (lt. Experten 200 µg)	regelt Calcium- und Phosphat-Haushalt, Knochenaufbau	durch Ernährung unmöglich! Sonnenvitamin!
E (Tocopherole) Fettlöslich	11- 15 mg	Immunsystem, Zellerneuerung, Entzündungshemmend	Hanföl, Mandeln, Haselnüsse, Olivenöl, Hanfsamen*, Leinöl
K (Phyllochinone) Fettlöslich	60 – 80 µg	Blutgerinnung, Verdauung, reguliert Calciumspiegel	Grünkohl, Spinat, Rosenkohl, Weizengraspulver*, Brokkoli, Linsen

*Erklärung bei den ungewöhnlichen Lebensmitteln

Vorkommen in Lebensmitteln

Als nächstes habe ich Ihnen die Lebensmittel aus der Tabelle und noch weitere mit dem genauen Vitamingehalt, der sich immer auf 100 g bezieht, aufgeführt. Neben dem Vitamin steht noch einmal der Tagesbedarf. Sie kennen das ja bereits aus der anderen Tabelle, steht zum Beispiel nur Gemüse, Hülsenfrüchte oder Pilze, bedeutet das immer, dass ich einen Durchschnitt von der jeweiligen Kategorie errechnet habe, wobei auch hier die Highlights nicht mit in die Berechnung eingeflossen sind, um den Durchschnitt nicht zu verfälschen.

Vitamin A (Retinol) 0,8 - 1,0 mg

Möhren 1,57 mg / Grünkohl 0,86 mg / Honigmelone 0,78 mg / Spinat 0,78 mg / Butter 0,65 mg / Blattsalat 0,45 mg / Sahne 0,27 mg / Aprikosen 0,26 mg /Ei 0,19 mg / Gemüse 0,12 mg / Makrele 0,1 mg

Vitamin B1 (Thiamin) 1,0 - 1,3 mg

Sonnenblumenkerne 1,9 mg / Hanfsamen 1,7 mg / Sesam 0,9 mg / Mohn 0,9 mg / Haferflocken 0,65 mg / Hülsenfrüchte 0,57 mg / Hirse 0,43 mg / Reis 0,41 mg / Nüsse 0,3 mg / Kartoffeln 0,1 mg

Vitamin B2 (Riboflavin) 1,0 - 1,4 mg

Hanfsamen 1,1 mg / Weizengraspulver 1,1 mg / Mandeln 0,6 mg / Steinpilze 0,37 mg / Ei 0,35 mg / Pfifferlinge 0,23 mg / Fisch 0,2 mg / Haferflocken 0,15 mg / Hirse 0,1 mg

Vitamin B 3 (Niacin) 11 - 17 mg

Erdnüsse 15,3 mg / Pilze 5,35 mg / Reis 5,2 mg / Sesam 5,0 / Mandeln 4,2 mg / Fisch 4,0 mg / Hanfsamen 2,5 mg / Hülsenfrüchte 2,35 mg / Hirse 1,8 mg / Kartoffeln 1,2 mg / Bananen 0,7 mg / Gemüse 0,6 mg / Obst 0,3 mg

Vitamin B5 (Pantothensäure) 6 mg

Butter 47,0 mg / Pilze 2,35 mg / Reis 1,7 mg / Hülsenfrüchte 1,62 mg / Ei 1,6 mg /

Wassermelone 1,6 mg / Nüsse 1,29 mg / Brokkoli 1,29 / Haferflocken 1,09 mg / Lachs 1,02 mg / Hirse 1,0 mg

Vitamin B6 (Pyridoxin) 1,2 - 1,5 mg

Hirse 0,75 mg / Hanfsamen 0,7 mg / Fisch 0,5 mg / Nüsse 0,45 mg / Hülsenfrüchte 0,4 mg / Bananen 0,37 mg / Kartoffeln 0,3 mg / Reis 0,28 mg / Gemüse 0,2 mg

Vitamin B 7 (Biotin) 30 - 60 µg

Erdnüsse 34,0 µg / Ei 25,0 µg / Weizengraspulver 24,0 µg / Haferflocken 20,0 µg / Erbsen 19,0 µg / Reis 12,0 µg / Vollkornmehl 8,3 µg / Hirse 6,0 µg / Bananen 5,5 µg / Fisch 4,5 µg / Erdbeeren 4,0 µg / Gemüse 3,0 µg

Vitamin B 9 (Folsäure) 300 µg

Weizengraspulver 859,0 µg / Grünkohl 187,0 µg / Hülsenfrüchte 170,0 µg / Gemüse 100,0 µg / Haferflocken 87,0 µg / Ei 67,0 µg / Erdbeeren 65,0 µg / Obst 20,0 µg / Hirse 12,0 µg

Vitamin B 12 (Cobalamin) 3 µg

Chlorella Alge 100,0 µg / Fisch 6,0 µg / Ei 1,86 µg

Vitamin C (Ascorbinsäure) 95 - 110 mg

Johannisbeeren 189,0 mg / Paprika 139,5 mg / Brokkoli 116,0 mg / Kiwi 71,0 mg / Erdbeeren 63,5 mg / Gemüse 60,0 mg / Obst 30,0 mg

Vitamin E (Tocopherole) 11 - 15 mg

Hanföl 80,0 mg / Mandeln 26,0 mg / Haselnüsse 26,0 mg / Olivenöl 12,0 mg / Hanfsamen 5,1 mg / Leinöl 5,8 mg / Fisch 1,0 mg / Gemüse 0,8 mg / Ei 0,8 mg / Obst 0,6 mg / Hirse 0,41 mg

Vitamin K (Phyllochinone) 60 - 80 µg

Grünkohl 817,0 µg / Spinat 305,0 µg / Rosenkohl 236,0 µg / Weizengraspulver 188,0 µg / Brokkoli 155,0 µg / Linsen 123,0 µg / Kopfsalat 109,0 µg / Haferflocken 63,0 µg / Kiwi 33,0 µg / Gemüse 10,0 µg / Obst 4,0 µg

11597436R00084

Printed in Germany
by Amazon Distribution
GmbH, Leipzig